MAIO

com

MARIA

PE. CARLOS PIASENTIN

MAIO com MARIA

EDITORA SANTUÁRIO
Aparecida-SP

Dados Internacionais de Catalogação na Publicação (CIP)
(Câmara Brasileira do Livro, SP, Brasil)

Piasentin, Carlos
Maio com Maria / Carlos Piasentin. — Aparecida, SP: Editora Santuário, 1995.

ISBN 85-7200-243-X

1. Maria, Virgem, Santa — Culto I. Título.

95-1265 CDD-232.91

Índices para catálogo sistemático:
1. Maria: Culto: Teologia dogmática cristã 232.91

Composição, impressão e acabamento:
EDITORA SANTUÁRIO - Rua Padre Claro Monteiro, 342
Fone: (012) 565-2140 — 12570-000 — Aparecida-SP.

Ano: 2002 2001 2000 99
Edição: **10 9 8 7 6 5 4 3**

INTRODUÇÃO

Há uns cinqüenta anos foi realizada uma pesquisa, para se saber quantos livros tinham sido escritos sobre Nossa Senhora. Resultado: mais ou menos 45 mil. Atualizada, essa pesquisa certamente nos revelaria um número bem maior. Para aumentar a cifra, aqui vai mais este pequeno trabalho intitulado: "Maio com Maria".

Diz o Eclesiastes no capítulo primeiro, versículo nono que "não há nada de novo debaixo do sol". Portanto, ninguém procure novidades neste livrinho, porque não as encontrará.

É o resultado de leituras, anotações, palestras e meditações que fizemos durante os anos de ministério pastoral, realizado nas diversas Paróquias que a Providência nos confiou.

Como as abelhas, procuramos haurir na Sagrada Escritura, na Tradição, nos Santos Padres e Doutores o néctar que serve para alimentar a devoção mariana.

O Vaticano II, na Constituição Dogmática "Lumen Gentium", nº 67, diz: "Além disso exorta-se com todo o empenho os teólogos e pregadores da palavra divina a que, ao considerarem a singular dignidade da Mãe de Deus, se abstenham com cuidado, tanto de qualquer falso exagero, como também de uma demasiada pequenez de espírito".

Por isso, procuramos evitar os dois excessos de que falam os mariólogos modernos: o maximalismo, isto é, substituir a graça da economia salvífica pelo maravilhoso; e o minimalismo, quer dizer, submeter a intervenção divina na Igreja a critérios racionais, rejeitando o valor cristão dos elementos populares.

Talvez este livrinho possa servir para aquelas Comunidades onde não há padres e que, durante o mês de Maio, se reúnem para rezar o terço. Em seguida, poderia ser lida a leitura própria do dia, aumentando assim a cultura religiosa e purificando a devoção para com a nossa Mãe celeste.

No início do opúsculo colocamos uma breve introdução para a reza do terço. Assim, as pessoas não precisarão levar outros livros para a reunião.

Que Nossa Senhora obtenha para todos quantos lerem este livrinho as mais eleitas bênçãos de Deus!

Pe. Carlos Piasentin

O CULTO DE MARIA NO MÊS DE MAIO

Uma devoção, aliás muito brasileira, consagrou, desde antigos tempos, o mês de maio ao culto de Nossa Senhora, Mãe da Igreja.

Esta prática de devoção sempre foi motivo para muita gente se aproximar de Deus.

Não seria o caso de se voltar a algumas destas práticas do culto de Maria?

Nos estudos e reuniões de grupos, hoje tão em voga nas paróquias, não se poderia aproveitar o mês de maio para estudar, conhecer e imitar Nossa Senhora?

Eis algumas sugestões que podemos dar para o mês de Maria, tiradas de outros livros:

1. A leitura meditada dos textos evangélicos que se referem à Mãe de Jesus, principalmente: Mt 1,16; Mt 1,18-25; Mt 2,11.13.20; Lc 1,26-39; 1,39-46; 1,46-57; e Lc 2,1-8; 2,16; 2,19; 2,31; 2,33-36; 2,41-51; Jo 1,1 e 14; Jo 2,1-15 e Jo 19,25-27; e enfim Ap 12.

2. A leitura e estudo em grupos (jovens e casais, por exemplo) da Exortação de Paulo VI sobre o Culto da Virgem Maria.

3. Falando de grupos de estudos, não se poderia esquecer também a leitura e comentário do capítulo VII da "Lumen Gentium", que é certamente o ponto alto do Concílio Vaticano II sobre a Mãe de Cristo e da Igreja.

4. Enfim, não se pode omitir a tradicional e consagrada prática do Rosário de Nossa Senhora, oração popular que convém a todos e sempre recomendada pelos Papas.

5. É costume em muitos lugares fazer o encerramento do mês de maio com a festa da Coroação de Nossa Senhora.

"Em muitas paróquias conserva-se a Tradição, no mês de maio, de se colocar uma pequena coroa na imagem da Mãe de Deus. É uma homenagem singela, muito querida das crianças, que em procissão cantam, levam flores e expressam sua gratidão pelo amor materno de Maria. Podemos aprender com as crianças."

"As coroações não são privilégio apenas de meninas, como era, já que algumas paróquias abrem a participação aos meninos e até senhoras. A devoção mariana hoje busca adequar-se aos temas pastorais voltados à situação atual. A figura e missão de Maria e da Igreja servem como fonte de inspiração para essa reflexão. E, mesmo que as homenagens sejam as tradicionais formas de culto, como procissões, ladainhas, novenas e coroações, elas procuram inserir-se dentro do projeto pastoral da Igreja."

MINHA NOSSA SENHORA

AFONSO CELSO

"Minha Nossa Senhora!" o povo exclama,
E esta frase, sem dúvida, incorreta,
Exprime, da maneira mais completa
Teu prestígio sem par que o mundo aclama.

És minha só, minh'alma é que te chama
Para aplacar-lhe a agitação secreta;
Mas és nossa também, pois meiga e reta,
Teu favor sobre todos se derrama.

Minha Nossa Senhora, em teu regaço,
Acolhe compassiva o meu cansaço,
Recebe o coração que em dor se aninha;

Mitiga as dores, o amargor adoça,
Do mal de todos nós, Senhora nossa,
Deste sofrer só meu, Senhora minha!

A REZA DO TERÇO

Roteiro dos principais mistérios cristãos conforme o Novo Testamento, a Tradição da Igreja e do terço.

Mistérios Gozosos (Mistérios da Alegria) — 2ªs e 5ªs feiras
1º mistério: Anunciação do Anjo a Nossa Senhora.
2º mistério: A visitação de Nossa Senhora a Santa Isabel.
3º mistério: O nascimento de Jesus.
4º mistério: A apresentação de Jesus no templo.
5º mistério: O encontro de Jesus no templo.

Mistérios Dolorosos (Mistérios da Dor) — 3ªs e 6ªs feiras
1º mistério: A agonia de Jesus no horto.
2º mistério: A flagelação de Jesus.
3º mistério: Jesus coroado de espinhos.
4º mistério: Jesus carregando a cruz.
5º mistério: Jesus morto na cruz.

Mistérios Gloriosos (Mistérios da Glória) — 4ªs e sábados
1º mistério: A ressurreição de Jesus.
2º mistério: A ascensão de Jesus.
3º mistério: A vinda do Espírito Santo.
4º mistério: A assunção da mãe de Jesus.
5º mistério: A coroação de Maria no céu.

Em nome do Pai e do Filho e do Espírito Santo.

Vinde, Espírito Santo, enchei os corações dos vossos fiéis e acendei neles o fogo do vosso amor.

Enviai o vosso Espírito e tudo será criado.

E renovareis a face da terra.

CREDO

Creio em Deus Pai Todo-Poderoso,/ criador do céu e da terra;/ e em Jesus Cristo, seu único Filho, Nosso Senhor;/ que foi concebido pelo poder do Espírito Santo;/ nasceu da Virgem Maria,/ padeceu sob Pôncio Pilatos,/ foi crucificado, morto e sepultado;/ desceu à mansão dos mortos;/ ressuscitou ao terceiro dia;/ subiu aos céus,/ está sentado à direita de Deus Pai Todo-Poderoso,/ donde há de vir a julgar os vivos e os mortos./ Creio no Espírito Santo,/ na Santa Igreja Católica/ na comunhão dos Santos,/ na remissão dos pecados,/ na ressurreição da carne,/ na vida eterna./ Amém.

OFERECIMENTO DO TERÇO

— Divino Jesus, nós vos oferecemos este terço que vamos rezar, meditando nos mistérios da nossa Redenção. Concedei-nos por intercessão da Virgem Maria, Mãe de Jesus e nossa Mãe, as virtudes que nos são necessárias para bem rezá-lo e a graça de ganharmos as indulgências anexas a esta santa devoção.

(Em seguida rezam-se os mistérios próprios de cada dia e, no fim do terço, a ação de graças como segue:)

— Infinitas graças vos damos, soberana Rainha, pelos benefícios que todos os dias recebemos de vossas mãos liberais. Dignai-vos, agora e para sempre, tomar-nos debaixo do vosso poderoso amparo e, para mais vos implorar, vos saudamos com uma "Salve, Rainha!"

— Salve, Rainha, Mãe de Misericórdia, vida, doçura, esperança nossa, salve! A vós bradamos, os degredados filhos de Eva; a vós suspiramos gemendo e chorando neste vale de lágrimas. Eia, pois, Advogada nossa, esses vossos olhos misericordiosos a nós volvei, e depois deste desterro mostrai-nos Jesus, bendito fruto do vosso ventre, ó Clemente, ó Piedosa, ó Doce sempre Virgem Maria.

Rogai, por nós, Santa Mãe de Deus, para que sejamos dignos da promessa de Cristo.

CÂNTICOS PARA O TERÇO

COM MINHA MÃE ESTAREI

Com minha Mãe estarei/ na santa glória um dia,/ junto à Virgem Maria/ no céu triunfarei.

No céu, no céu,/ com minha Mãe estarei,/ no céu, no céu,/ com minha Mãe estarei.

Com minha Mãe estarei,/ mas já que hei ofendido/ a meu Jesus querido,/ as culpas chorarei.

Com minha Mãe estarei,/ em seu coração terno,/ em seu colo materno/ sem fim descansarei.

MÃEZINHA DO CÉU

1. Mãezinha do céu,/ eu não sei rezar,/ eu só sei dizer:/ Quero te amar.
Azul é teu manto,/ branco é teu véu,/ Mãezinha, eu quero/ ser teu lá no céu!

2. Mãezinha do céu,/ Mãe do puro amor,/ Jesus é teu Filho,/ eu também o sou.
Guardai-me, ó mãezinha,/ nas dobras do teu véu,/ Mãezinha eu quero/ ser teu lá no céu.

VIVA A MÃE DE DEUS E NOSSA

Viva a Mãe de Deus e nossa/ sem pecado concebida,/ viva a Virgem Imaculada, a Senhora Aparecida.

1. Aqui estão vossos devotos/ cheios de fé incendida,/ de conforto e de esperança,/ ó Senhora Aparecida.

2. Virgem Santa, Virgem bela,/ mãe amável, mãe querida,/ amparai-nos, socorrei-nos,/ ó Senhora Aparecida.

3. Velai por nossas famílias,/ pela infância desvalida,/ pelo povo brasileiro,/ ó Senhora Aparecida.

AO TRONO ACORRENDO

1. Ao trono acorrendo/ da Virgem Maria/ exulta o Brasil, de amor e alegria./

Ave, Ave, Ave Maria,/ Nossa Senhora Aparecida.

2. Dois séculos faz/ à terra ela vinha/ dos nossos afetos/ ser doce Rainha.

3. Ó Mãe e Rainha/ do manto de anil,/ guardai nossa Pátria,/ é vosso Brasil.

MARIA O MAGNIFICAT CANTOU

1. Maria o Magnificat cantou/ e com ela também nós vamos cantar./ Pão e vida é o brado de um Brasil/ que de norte a sul se uniu/ para o Cristo celebrar.

Aparecida é a Mãe do pescador,/ é a Mãe do Salvador,/ é a Mãe de todos nós. (bis)

2. Maria o Magnificat cantou/ e com ela também nós vamos cantar./ Protegendo e defendendo nosso irmão/ que merece peixe e pão/ pra sua fome saciar.

3. Maria o Magnificat cantou/ e com ela também nós vamos cantar,/ nos unindo para a Ceia do Senhor,/ com Jesus, o Salvador,/ de mãos dadas com o irmão.

4. Maria o Magnificat cantou/ e com ela também nós vamos cantar./ O amor que se fazendo refeição/ sobre a mesa é vinho e pão,/ é o corpo do Senhor.

5. Maria o Magnificat cantou/ e com ela também nós vamos cantar./ Implorando pelo povo sofredor/ que por falta de amor/ nada tem para comer.

MARIA DE NAZARÉ

1. Maria de Nazaré, Maria me cativou,/ fez mais forte a minha fé/ e por filho me adotou./ Às vezes eu paro e fico a pensar/ e sem perceber me vejo a rezar,/ e meu coração se põe a cantar/ pra Virgem de Nazaré./ Menina que Deus amou e escolheu/ pra Mãe de Jesus, o Filho de Deus,/ Maria que o povo inteiro elegeu/ Senhora e Mãe do céu.

Ave Maria, Ave Maria, Ave Maria, Mãe de Jesus!

2. Maria que eu quero bem,/ Maria do puro amor./ Igual a você ninguém,/ Mãe pura do meu Senhor./ Em cada mulher que a terra criou/ um traço de Deus Maria deixou,/ um sonho de mãe Maria plantou/ pro mundo encontrar a paz./ Maria que fez o Cristo falar,/ Maria que fez Jesus caminhar,/ Maria que só viveu pra seu Deus,/ Maria do povo meu.

ENSINA TEU POVO A REZAR

1. Ensina teu povo a rezar,/ Maria, Mãe de Jesus,/ que um dia o teu povo desperta e na certa vai ver a luz./ Que um dia o teu povo se anima e caminha com teu Jesus.

2. Maria de Jesus Cristo,/ Maria de Deus, Maria Mulher,/ Ensina a teu povo o teu jeito de ser o que Deus quiser. (bis)

3. Maria, Senhora nossa,/ Maria do povo, do povo de Deus,/ ensina o teu jeito perfeito de sempre escutar teu Deus. (bis)

SALVE, EM VOSSA IMAGEM

1. Salve, em vossa imagem,/ ó grande rainha,/ Mãe do Redentor, Mãe de Deus e minha.

Salve, Maria!/ Nossa Senhora Aparecida!/ Salve!

2. Mãe Aparecida, tens do escravo a cor,/ para nos lembrar do Libertador.

3. Mãe Aparecida, salva nossa terra,/ e no manto azul, meu Brasil encerra.

LADAINHA DE NOSSA SENHORA

Senhor, tende piedade de nós.
Jesus Cristo, tende piedade de nós.
Senhor, tende piedade de nós.
Jesus Cristo, ouvi-nos.
Jesus Cristo, atendei-nos.
Deus Pai do Céu, tende piedade de nós.
Deus Filho, Redentor do mundo, tende piedade de nós.
Deus Espírito Santo, tende piedade de nós.
Santíssima Trindade, que sois um só Deus, tende piedade de nós.
Santa Maria,
— rogai por nós.
Santa Mãe de Deus,
Santa Virgem das virgens,
Mãe de Jesus Cristo,
Mãe da Divina Graça,
Mãe puríssima,
Mãe castíssima,
Mãe Imaculada,
Mãe intata,
Mãe amável,
Mãe admirável,
Mãe do Bom conselho,
Mãe do Perpétuo Socorro,
Mãe do Criador,
Mãe do Salvador,
Mãe da Igreja,
Virgem prudentíssima,
Virgem venerável,
Virgem louvável,

Virgem poderosa,
Virgem benigna,
Virgem fiel,
Espelho da justiça,
Sede da Sabedoria,
Causa da nossa alegria,
Vaso espiritual,
Vaso honorífico,
Vaso insigne de devoção
Rosa mística,
Torre de Davi,
Torre de Marfim,
Casa de ouro,
Arca da aliança,
Porta do céu,
Estrela da manhã,
Saúde dos enfermos,
Refúgio dos pecadores,
Consoladora dos aflitos,
Auxílio dos cristãos,
Rainha dos anjos,
Rainha dos patriarcas,
Rainha dos profetas,
Rainha dos apóstolos,
Rainha dos mártires,
Rainha dos confessores,
Rainha das virgens,
Rainha de todos os santos,
Rainha concebida sem pecado original,
Rainha assunta ao céu,
Rainha do santo Rosário,
Rainha da paz,
Cordeiro de Deus, que tirais o pecado do mundo, perdoai-nos, Senhor!
Cordeiro de Deus, que tirais o pecado do mundo, ouvi-nos, Senhor!

Cordeiro de Deus, que tirais o pecado do mundo, tende piedade de nós!
Rogai por nós, Santa Mãe de Deus,
para que sejamos dignos das promessas de Cristo.

Oremos:
Senhor Deus, nós vos suplicamos, concedei a vossos servos perpétua saúde de alma e de corpo, e, pela gloriosa intercessão da bem-aventurada sempre Virgem Maria, sejamos livres da presente tristeza e gozemos da eterna alegria. Por Cristo Nosso Senhor. Amém.

CONSAGRAÇÃO A NOSSA SENHORA

Ó Senhora minha, ó minha Mãe, eu me ofereço todo a vós, e em prova da minha devoção para convosco vos consagro neste dia os meus olhos, os meus ouvidos, a minha boca, o meu coração e inteiramente todo o meu ser, e porque assim sou vosso, ó incomparável Mãe, guardai-me, defendei-me, como coisa e propriedade vossa. Amém.

SÚPLICA A NOSSA SENHORA (MEMORARE)

Lembrai-vos, ó piíssima Virgem Maria, que nunca se ouviu dizer que algum daqueles que recorreram à vossa proteção, imploraram a vossa assistência e reclamaram o vosso socorro, fosse por vós desamparado. Animado eu, pois, com igual confiança, a vós, Virgem entre todas singular, como a minha Mãe, recorro; de vós me valho e, gemendo sob o peso de meus pecados, me prostro aos vossos pés. Não rejeiteis as minhas súplicas, ó Mãe do Filho de Deus humanado, mas dignai-vos de as ouvir e de alcançar o que vos rogo. Amém.

DIA 1º

CULTO DA SANTÍSSIMA VIRGEM

1. A Igreja, para animar-nos a prestar especiais homenagens à Santíssima Virgem, saúda-a com a invocação: Virgem Venerável. Quer, assim, nos ensinar que Ela é digna de um culto especial de veneração. Sabemos que somente Deus é digno de culto e, somente a Ele são devidas as homenagens do homem, como no-lo afirma São Paulo: "Só a Deus imortal, invisível e único sejam dadas honra e glória para todo o sempre. Amém" (1Tm 1,17).

Todavia, em homenagem ao mesmo Deus, honramos também os seus amigos mais queridos como os anjos e os santos. A esses, nós tributamos um culto de afetuosa servidão e devoção. Tal culto é chamado *dulia* (ou seja, simples serviço e veneração): é um testemunho da excelência dos santos e do obséquio que lhes prestamos.

E, como Deus ama sua Mãe santíssima acima de todas as criaturas, nós também a veneramos com um culto especialíssimo e mais solene do que se presta aos anjos e santos. É um culto de amorosa e filial reverência, que Jesus mesmo lhe prestou, por primeiro, aqui na terra, como no-lo afirma o evangelista Lucas: "Jesus voltou com José e Maria para Nazaré e lhes obedecia em tudo. Sua Mãe guardava todas as suas palavras em seu coração" (2,51).

2. Através dos séculos, a Igreja, com amor sempre crescente, continuou a prestar-lhe esse culto que chamamos de *hiperdulia* (ou seja, de serviço e veneração preferencial).

Além dos cultos de *dulia* e *hiperdulia*, temos o de *latria*, que compete unicamente a Deus e que se manifesta, principalmente, no reconhecimento de Deus como Supremo Senhor, em atos de adoração e no sacrifício.

A Santíssima Virgem sempre foi objeto de grande veneração, em todos os tempos e lugares.

Quando foi visitar sua prima Isabel, em Ain-Karim, iluminada pelo Espírito Santo, pronunciou aquelas proféticas palavras: "De agora em diante, todas as gerações me proclamarão bem-aventurada" (Lc 1,48). E tal profecia vem-se cumprindo, à risca, em todos os lugares e através de todos os séculos.

Quando Jesus, durante sua vida pública, pregava, fazia milagres e atraía admiração sobre sua pessoa, igualmente prestava homenagem à sua Mãe. Certa vez, do meio da multidão, ouviu-se uma voz que exclamava: "Feliz o seio que te trouxe e os peitos que te amamentaram" (Lc 11,27). Era a homenagem prestada a Maria por uma senhora que, cheia de entusiasmo, ao ouvir Jesus falar, não pôde conter-se e saudou Aquela que o dera à luz.

Após a morte de Jesus, o culto a Nossa Senhora foi crescendo. Pela tradição, sabemos que os próprios Apóstolos lhe prestavam suas homenagens e a consultavam em suas dúvidas.

3. A Igreja sempre se mostrou solícita em promover a devoção a Nossa Senhora. Fundou congregações, institutos, sociedades; instituiu festas e ergueu numerosos templos dedicados à sua honra. Em nossa Pátria não existe Igreja particular, paróquia, capela, fazenda ou sítio em que não se venere, sob os mais diversos títulos, a Mãe de Deus. Em Aparecida-SP temos uma das maiores basílicas do mundo dedicada a Nossa Senhora Aparecida. São milhões os devotos que, anualmente, para lá se dirigem, agradecendo os benefícios recebidos por sua intercessão e implorando novas graças.

Grandes gênios da literatura, da música, da escultura, artistas famosos sempre demonstraram seu amor a Maria, como um sentimento universal, transmitido de pais para filhos, de geração em geração.

Louvemos nós também, da melhor forma possível, Aquela que o próprio Filho de Deus honrou durante a sua vida. Ela é Mãe de Deus, nossa mãe, a Co-redentora, a Medianeira de todas as graças. Ela é "a glória de Jerusalém, a alegria de Israel e a honra do nosso povo" (Jt 15,9).

Dialogando: (Reflexões para grupos)

1. *Por que tenho devoção a Nossa Senhora, mãe de Deus e mãe da Igreja?*
2. *Preocupo-me também com as coisas de Deus: ler, estudar, conhecer mais e melhor minha religião?*

DIA 2

MARIA E DEUS PAI

1. Podemos afirmar que toda a grandeza de Maria, fundamentalmente, se baseia no anúncio que Lucas nos faz, no início de seu Evangelho.

O arcanjo Gabriel anuncia, substancialmente, três grandes e admiráveis verdades a respeito de Maria. Primeira: que tinha encontrado graça junto de Deus Pai: "Não tenhas medo, Maria, pois achaste graça junto de Deus". Segunda: que se tornaria Mãe do divino Filho: "Conceberás e darás à luz um filho, que se chamará

Jesus". Terceira: que tudo se realizaria por virtude do alto: "O Espírito Santo virá sobre ti e o poder do Altíssimo te envolverá em sua sombra" (Lc 1,30-31,35).

Maria Santíssima é a obra-prima do Onipotente. Deus ainda não tinha criado o universo; o sol ainda não brilhava; a lua não percorria a abóbada celeste; as estrelas não povoavam o firmamento; as plantas não enfeitavam a natureza; as montanhas não erguiam suas cristas para o alto, nem os rios serpeavam pelas nossas campinas e a Mente Divina já pensava na formação dessa criatura privilegiada que é Maria.

Ela é a mulher bendita diante da qual todas as grandezas criadas são pequeninas, todas as luzes se ofuscam como diante do sol os demais astros. É aquela mulher perante a qual as mais célebres heroínas do Antigo e Novo Testamento não passavam de pálidas sombras, figuras imperfeitas. É aquela mulher diante da qual curvam-se reverentes os coros angélicos; é a obra não de um dia ou de um ano mas, como diz São Bernardo, "a obra de todos os séculos".

2. Maria, já antes de nascer, era a esperança do homem culpado, a consolação dos aflitos, o asilo do desamparado, a justificação do pecador e a perseverança do justo.

Tudo isso não é senão a explicitação das palavras que a Igreja põe nos lábios de Maria: "Possui-me Deus como princípio de suas ações, preâmbulo de suas obras, desde então. Desde a idade mais remota, fui constituída desde as origens, desde os primórdios da terra" (Pv 8,22-23).

Deus sempre pensou na Encarnação de seu Filho. E, assim, também sempre pensou na criação daquela mulher que seria sua Mãe. Daí ser Ela a obra-prima do Criador, quer no campo da natureza como da graça.

3. Chegada a plenitude dos tempos, Deus parece

ter exaurido as riquezas de sua sabedoria, do seu poder e de sua bondade e criou Maria, a sua criatura mais perfeita, mais resplandecente, tornando-a participante, por quanto é possível a um ser humano, das suas infinitas perfeições.

Sendo, pois, a Santíssima Virgem a filha predileta do Onipotente, a mais santa, a mais perfeita mulher que saiu de suas mãos, é lógico deduzirmos o crédito que possui junto do Criador.

É nosso dever e interesse amar e louvar sempre a Maria, pois Ela, bondosa como é, porá sempre à nossa disposição o crédito quase infinito que possui diante do Pai. E isso o fará, especialmente, quando se trata de ajudar, com sua poderosa intercessão, os seus filhos espirituais, a resolverem o problema essencial de sua vida: a salvação eterna.

Dialogando:

1. *O que é o Natal para mim? Que significa Natal? Quem é o aniversariante?*
2. *Como Maria, sei oferecer a Deus o meu tempo, o meu apostolado, o meu testemunho?*

DIA 3

MARIA E SEU DIVINO FILHO

1. Refere-nos o evangelista Lucas que o arcanjo Gabriel, aparecendo a Maria, anuncia-lhe que foi escolhida para ser a mãe do Redentor. Maria era noiva de José, descendente da casa de Davi.

César Augusto decreta que todos deviam ir à sua cidade de origem, para se submeterem ao recenseamento. E assim, José e Maria tiveram de ir à cidade de Belém. Não tendo encontrado lugar para se hospedarem na cidade, foram obrigados a refugiar-se numa gruta, que servia de abrigo para os animais. Tendo chegado a hora de Maria dar à luz, foi nessa gruta que, no coração de uma noite escura e fria, nasceu o Verbo de Deus e passou a habitar entre nós (Lc 2,1-6). É esse o fato central da história humana.

Maria torna-se a verdadeira Mãe de Jesus Cristo, porque lhe deu tudo o que, na ordem natural, uma mãe pode proporcionar a seu filho: a vida física, corporal.

2. É dogma de fé que Maria é a Mãe de Jesus. A Igreja sempre condenou os que negaram esta verdade, firmemente alicerçada nas Sagradas Escrituras. Lemos em Isaías: "Sairá um rebento do tronco de Jessé, um broto despontará de suas raízes" (11,1). Esse tronco místico é Maria e o rebento, Jesus. E, como o rebento tira a sua substância da planta e da raiz, assim Jesus, nascendo de Maria, hauriu dela o ser humano.

Os Evangelhos atestam com clareza que Jesus nasceu de Maria. "Da qual nasceu Jesus, chamado Cristo" (Mt 1,16). Também o anjo que apareceu em sonho a José, intimando-o a fugir, lhe disse: "Levanta-te, toma contigo o menino e sua mãe e foge para o Egito" (Mt 2,13). E quando Jesus estava para morrer, no cimo do Calvário, lá se encontrava sua mãe, como no-lo afirma São João: "De pé, junto à Cruz, estava a Mãe de Jesus" (19,23).

3. Também a tradição cristã, através dos séculos, é unânime em afirmar essa verdade.

Não esqueçamos, porém, que Maria ser Mãe de Jesus não é somente uma glória para Ela, mas o é também para todos nós. De fato, sendo Ela Mãe de Jesus que, como diz São Paulo, é o nosso irmão primogênito (Rm

8,29), necessariamente, tornou-se também nossa mãe e, por isso, podemos afirmar com um santo orgulho: "Minha mãe é Mãe de Jesus e a Mãe de Jesus é minha Mãe".

Esta glória que é ao mesmo tempo uma graça divina, nos foi dada no alto do Calvário, pelo próprio Jesus, quando, não sabendo mais o que deixar aos homens, lhes deu em testamento sua própria Mãe. É bom lembrarmos aquela cena comovente. Nos últimos instantes de sua vida terrena, vendo sua Mãe aos pés da Cruz e, apontando-lhe João (o discípulo predileto), lhe disse: "Mulher, eis aí o teu filho. Em seguida, disse ao discípulo: Eis aí tua Mãe" (Jo 19,26-27). Daquele momento em diante nós todos, que estávamos representados na pessoa de João, nos tornamos filhos de Maria. Nossa Senhora, portanto, por disposição divina, tornou-se a Mãe de todos nós.

4. A grandeza e o poder do filho é a grandeza e o poder da mãe. Os santos, num piedoso exagero, dizem que Maria é a "onipotência suplicante". Santo Afonso afirma que, se o "amor de todas as mães terrenas que existiram, existem e existirão se concentrasse num só coração, tudo isso seria nada, em comparação com o amor que Maria tem por nós".

Amemos, portanto, essa boa Mãe. Não nos esqueçamos, porém, do que diz São Gregório Magno: "a prova do amor são as boas obras". Imitemos as suas virtudes e sigamos os seus exemplos. Difundamos o seu culto em particular e em público. Só assim poderemos dizer que somos seus verdadeiros filhos.

Dialogando:

1. *Sou cristão de verdade ou só de nome?*
2. *A fé sem obras é morta. Como Maria fazia para provar que amava a Jesus?*

DIA 4

MARIA E O ESPÍRITO SANTO

1. O arcanjo Gabriel tinha anunciado a Maria que Deus Pai a havia destinado a ser Mãe de seu Filho. Ela então pergunta: "Como se fará isso? pois sou virgem". Respondeu-lhe o arcanjo: O Espírito Santo virá sobre ti e o poder do Altíssimo te envolverá com sua sombra. Por isso, aquele que nascer será santo e será chamado Filho de Deus" (Lc 1,35).

Em outras palavras, é-lhe revelado que o Espírito Santo teria realizado nela, misteriosamente, quanto, por via natural, é exigido pelo concurso humano.

Assim, com a maternidade divina, Maria recebia o anúncio de que seria a esposa do Espírito Santo.

O Salmista falando profeticamente, cantava: "Ouve, filha, vê e aplica o teu ouvido... Encanta-se o rei com tua beleza, e tu, já que é teu senhor, inclina-te diante dele" (Sl 45,11-12).

A profecia de Davi realizou-se plenamente em Maria.

O Espírito Santo inclinou-se diante dela e, encantado com sua beleza, pediu-lhe o seu amor e sua colaboração. Tal união não foi algo meramente simbólico, mas uma realidade verdadeiramente fecunda.

Foi por obra do Espírito Santo que Maria se tornou o tabernáculo do Deus vivente, a mãe do filho de Deus. Quando José, seu castíssimo esposo, ficou angustiado por ver que a Virgem estava grávida, foi ainda o arcanjo Gabriel que o tranqüilizou, dizendo: "José, filho de Davi, não tenhas medo de tomar contigo Maria, tua esposa, porque o que foi gerado nela vem do Espírito Santo" (Mt 1,20).

2. A Igreja, através dos séculos, sempre ensinou essa verdade e, no símbolo dos Apóstolos, proclama: "Foi concebido pelo poder do Espírito Santo, nasceu da Virgem Maria e se fez homem".

Tornando-se Mãe de Jesus, Maria tinha necessidade de graças especiais para cumprir a sua missão e para superar os sofrimentos e dificuldades que lhe adviriam durante sua vida.

O Espírito Santo, descendo sobre ela, certamente infundiu-lhe não só um admirável aumento de graça, mas também os dons que a fariam crescer continuamente no caminho da fé e da santidade.

3. Não nos esqueçamos que também nós, ao recebermos o sacramento do batismo, nos tornamos filhos adotivos de Deus, irmãos em Cristo e templos do divino Espírito Santo.

É o próprio São Paulo que no-lo diz: "Não sabeis que sois o templo de Deus e que o Espírito de Deus habita em vós" (1Cor 3,16)? "Não entristeçais o Espírito de Deus, que vos marcou com o seu sinal para o dia da redenção" (Ef 4,30). E quando é que o contristamos? Sempre que resistimos às suas inspirações, e quando cometemos o pecado, especialmente grave, que o expulsa de nossa alma.

Deus respeita de tal modo a nossa liberdade que, embora nos tenha criado sem nós, não nos salvará sem nós. Dizia Santo Agostinho: "Aquele que te criou sem ti, não te salvará sem ti".

Por isso São Paulo, falando aos primeiros cristãos, dizia: "Na qualidade de colaboradores de Deus, exortamo-vos a não receberdes em vão a graça de Deus" (1Cor 6,1).

E notemos que tudo quanto se refere a Deus deve-se aplicar, de modo especial, ao Espírito Santo, por ser Ele o "santificador das nossas almas".

Sejamos, portanto, sempre dóceis às divinas inspirações e digamos com fé aquelas palavras da aclamação ao evangelho do dia de Pentecostes: "Vinde, Espírito Santo, enchei os corações dos vossos fiéis e acendei neles o fogo do vosso amor".

Dialogando:

1. *Sou filho de Deus. Vivo como filho de Deus ou como filho do pecado, que é a morte?*
2. *"Outrora, éreis trevas... Mas, agora, sois luz no Senhor" (Ef 5,8). — Que significam estas palavras?*

DIA 5

MARIA, MÃE DO SALVADOR

1. Existem duas criações operadas por Deus: aquela através da qual, com um simples ato de sua vontade, tirou as coisas do nada; e a outra, pela qual libertou o homem do abismo do pecado.

De fato, a culpa reduziu o homem ao nada. O rei Davi, após ter cometido o pecado, dizia, chorando: "Eu também fui reduzido a nada e não sabia" (Sl 72,1). Jesus mesmo, falando de Judas, o traidor, disse: "Melhor fora para esse homem não ter nascido" (Mt 26,24).

Eis porque o homem livre da culpa é chamado uma "criatura nova". E note-se que o autor dessa nova criatura, São Paulo o chama Filho de Maria, isto é, Jesus Cristo.

Maria, portanto, pode dizer como o Eclesiástico que albergou o seu Criador. "Aquele que me criou hospedou-se dentro de mim" (Eclo 24,12). Não só o hospedou mas também foi sua Mãe. Por isso, Maria não só é chamada Mãe de Cristo, mas também Mãe do Salvador.

2. Quando falamos da Redenção, logo pensamos em Jesus, pregado na Cruz. Entretanto, não devemos esquecer-nos de que o mistério da Cruz não deve ser desvinculado do nascimento de Jesus Cristo, porque o Sacrifício vespertino não é senão o cumprimento do Sacrifício matutino da Encarnação. De fato, qual foi a vítima que morreu na Cruz? A mesma que, 33 anos antes, a Virgem tinha formado em seu seio.

Tendo os homens, pelo pecado de Adão, caído num estado de perdição e de morte, precisavam de um salvador. Este salvador tinha de sofrer, para dar uma satisfação condigna pelos pecados dos homens. Ao mesmo tempo devia ser um homem, já que só o homem pode sofrer. Além disso, os sofrimentos deveriam ter um valor infinito, para que a satisfação fosse suficiente. Daí a necessidade de uma Mãe que proporcionasse ao Verbo divino, isto é, à segunda pessoa da Santíssima Trindade, a natureza humana, por meio da qual o mundo seria remido.

Esta Mãe foi Maria. Sabemos, pelo Evangelho, que quando lhe apareceu o anjo, perguntando-lhe se aceitava ser mãe de um filho que seria imolado como vítima para a salvação do mundo, Maria, humildemente, respondeu: "Faça-se em mim segundo a tua palavra" (Lc 1,38). E, naquele instante, "o Verbo se fez carne e habitou entre nós" (Jo 1,14). Quebraram-se as cadeias que nos prendiam a satanás e abriram-se as portas do paraíso.

3. Maria, portanto, nos deu o Verbo Encarnado que é o nosso Redentor. Ela deu a Jesus aquele sangue precioso que foi o preço do nosso resgate. Criou o Salvador e o preparou para que fosse a vítima do sacrifício da Cruz. Dessa forma cooperou, como co-redentora, para a salvação do gênero humano.

Agradeçamos, pois, a Nossa Senhora, a quem, depois de Jesus, somos devedores do grande benefício da nossa Redenção.

Dialogando:

1. *Quais são os sinais de Vida e os sinais de morte que existem no mundo de hoje?*
2. *Que faço para diminuir a maldade, a violência, a pornografia, a mentira, a corrupção que aparecem nas novelas e em certos programas de televisão?*

DIA 6

MARIA É NOSSA MÃE

1. No início do século V o herege Nestório pregava abertamente contra a maternidade divina de Maria. O Bispo de Alexandria opunha-se com todas as forças contra tal aberração. Enquanto fervia a luta teológica, foi convocado um Concílio Ecumênico, na cidade de Éfeso, por ocasião da festa de Pentecostes, no ano 341 da nossa era. Os Padres Conciliares condenaram Nestório e proclamaram solenemente que Maria é "teotocos", isto é, verdadeira Mãe de Deus.

O povo cristão recebeu com imenso júbilo tal definição dogmática e acompanhou os Padres às suas residências em procissão, levando velas acesas em suas mãos.

Maria, portanto, é Mãe de Deus, porque Jesus Cristo é Homem-Deus. É, também, Mãe de todos os homens que formam o corpo místico de Cristo.

2. Maria é Mãe de Jesus, porque lhe transmitiu o corpo físico, como todas as mães o fazem com relação a seus filhos. Mas Cristo, além de ter um corpo físico, natural, possui também um corpo místico. E, em que consiste este corpo místico?

Não é outra coisa senão a Igreja, isto é, a reunião de todos os fiéis unidos a Cristo, pela graça santificante que nos confere o sacramento do Batismo.

Este sacramento enxerta o homem em Cristo e o torna participante da vida divina.

No corpo místico a cabeça é Jesus, os cristãos são seus membros: vivos, se estão unidos a Cristo pela graça; mortos, se separados pelo pecado, especialmente grave.

Na Última Ceia Jesus expressou esta mesma verdade, declarando solenemente: "Eu sou a Videira, vós os ramos. Aquele que permanece em mim e eu nele, produz muito fruto, porque sem mim nada podeis fazer. Quem, pois, não permanecer em mim será lançado fora, como o ramo, e secará; será como os ramos secos recolhidos e lançados ao fogo, onde ardem" (Jo 15,5-6).

Nessa alegoria Jesus afirma ser a verdadeira videira, porque realiza, em si mesmo, de modo supereminente, o que é próprio da videira. É que sendo Ele o filho de Deus feito homem, tem a natureza humana dos ramos e é, para eles, o princípio de onde haure a vida divina.

Em Cristo o corpo místico não é senão o prolongamento ou extensão do corpo físico. A Igreja, através dos séculos, continua a missão que Ele exerceu durante sua vida terrena. Nele, portanto, corpo físico e corpo místico são inseparáveis.

3. Daí resulta que, quando Maria, diante do anjo, pronunciou o seu Fiat, aceitou a incumbência de ser Mãe do Cristo completo, físico e místico. Tornou-se, assim, Mãe espiritual de todos nós, membros desse corpo. Ao mesmo tempo tomou consciência de seus deveres maternais para conosco.

Conhecendo nossa fraqueza, Maria sente necessidade de interceder por nós, para que possamos permanecer sempre unidos ao seu divino Filho, pela graça santificante.

Escreve Schrivers: "A Santíssima Trindade quis comunicar a sua natureza divina, a sua vida infinitamente feliz às criaturas. Deu essa vida divina sem medida a Jesus, e Jesus, por sua vez, no-la comunicou sob a forma de graça santificante... Jesus Cristo, segundo a sua Divindade, é a causa principal da graça; a humanidade santa... é o instrumento pelo qual esta graça chega até nós... Por uma misteriosa disposição da Providência, Jesus Cristo não comunica nenhum socorro sobrenatural a ninguém sem o consentimento, sem a mediação da Santíssima Virgem" (*La Madre Mia*, p. 43).

Recorramos, pois, com confiança a tão boa Mãe, em nossas necessidades materiais e espirituais, pois Ela é a Mãe da divina graça.

Dialogando:

1. *Que faço para semear a Bondade, a Verdade, a Justiça, entre as pessoas de minha comunidade?*
2. *Sou um ramo da videira. Sei ajudar e compreender meus irmãos que vivem doentes, excluídos, marginalizados?*

DIA 7

MARIA, CO-REDENTORA

1. Sabemos que Jesus é o único Redentor do gênero humano. Entretanto, de forma dependente, Nossa Senhora também cooperou para o mesmo fim. É, portanto, uma causa secundária, subordinada, mas verdadeira, real e eficaz da nossa Redenção.

No Antigo Testamento lemos as seguintes palavras: "Porei inimizade entre ti e a mulher, entre a tua descendência e a dela; esta te esmagará a cabeça enquanto tu te lanças contra o seu calcanhar" (Gn 3,15). Este versículo contém a primeira promessa do futuro Redentor. Ao triunfo do Salvador associa-se sua mãe, a grande Mulher, que é a antítese de Eva.

No evangelho encontramos o cumprimento dessa promessa feita na Lei Antiga. No episódio da anunciação, lemos que Deus enviou um anjo para pedir a Maria o seu consentimento para a obra da Redenção. Maria, então, pronunciou o seu Fiat, cooperando, dessa forma, para ser a Co-Redentora do gênero humano.

2. Podemos afirmar que, através dos séculos, a Igreja e os Santos Padres, embora com palavras equivalentes, sempre consideraram a Santíssima Virgem como a Co-Redentora da humanidade.

Por todos, citamos Santo Epifânio, que escreve: "Eva foi para todos os homens a raiz funesta da ruína, porque, por ela, a morte se introduziu no mundo. Maria foi, para a humanidade, a fonte da vida, já que, por Ela, tivemos Jesus Cristo, o autor da graça, que nos trouxe a salvação" (PG 42,727ss.).

Quanto à razão, podemos dizer que convinha à sabedoria, à justiça e ao poder de Deus, que a criatura mais perfeita viesse a cooperar, de alguma forma, para que a ofensa feita ao Criador fosse reparada. E essa criatura não podia ser outra, senão a nova Eva, a Mãe de Deus, a Virgem Maria.

Na Sagrada Escritura lemos a história de três senhoras judias, que foram consideradas heroínas do Antigo Testamento. Foram elas Abigail, que salvou a vida de Nabal, seu marido (1Rs 15); Judite, que salvou a cidade de Betúlia (Jt 12); Ester, que salvou seu povo (Est 6). Ora, essas heróicas mulheres não passam de pálidas figuras da Santíssima Virgem, Co-Redentora do gênero humano, que deu à luz o Redentor do mundo e que a Ele se uniu, não para livrar da morte eterna um homem só, nem uma cidade, nem um só povo, mas a humanidade inteira, através de todos os séculos.

3. Qual não deve ser, portanto, a nossa gratidão para com a Virgem Santíssima! Que amor não devemos nutrir para com essa nossa boa Mãe celeste, que cooperou com Jesus, para que pudéssemos conseguir a salvação eterna.

Dialogando:

1. *Que é Igreja? Quem é a Igreja? Por quê?*
2. *Você procura "caminhar junto" e "ser Igreja", de verdade? Que faço pela minha comunidade?*

DIA 8

MARIA, MEDIANEIRA UNIVERSAL

1. "Onde falta Maria, morre-se de frio", declarava, certo dia, um pastor luterano.

E tinha razão. De fato, numa casa em que falta a mãe, os filhos morrem de frio, porque são órfãos. A Mãe é o calor da família e a medianeira de todos junto do Pai. Quem não reconhece Maria por mãe, é espiritualmente órfão, e se priva de uma poderosa medianeira junto de Deus.

A primeira saudação que o mensageiro celeste dirigiu a Maria, foi: "Salve, cheia de graça. O Senhor está contigo" (Lc 1,28).

Não louvou a Virgem pela sua beleza, descendência real, inteligência ou outros dons naturais, mas, porque cheia de graça. É a expressão mais perfeita da admiração que um anjo pode ter por uma criatura. De fato, o que nos faz santos, agradáveis a Deus, a pupila dos seus olhos é a sua graça.

2. Maria não é, somente, cheia de graça, mas é também a dispensadora de todas as graças. Diz um piedoso autor que, "foi e será sempre verdade que, tendo nós recebido de Maria o Princípio universal de todas as graças (isto é, Jesus Cristo), continuaremos a receber, por sua intercessão, as diversas aplicações da graça, nos mais variados estados da vida cristã".

Em outras palavras: Maria nos deu Jesus, causa meritória de todas as graças; continuará, portanto, a comunicar-nos a sua aplicação.

Diz São Bernardo que Maria é o aqueduto pelo

qual passam todas as graças que recebemos. É a nossa medianeira, naturalmente, sempre subordinada a Jesus. Diz a Sagrada Escritura: "Não há senão um só Deus, um só também o mediador entre Deus e os homens, o homem Cristo Jesus" (1Tm 2,5). Jesus, Homem-Deus, é o mediador nato, porque reúne numa só pessoa a natureza divina e humana, e porque prestou a Deus a satisfação adequada pelos pecados de todos os homens.

3. Para compreender melhor esse pensamento teológico, lembremos o que escreve o Pe. de la Broise: "A ordem presente dos decretos divinos quer que todo benefício sobrenatural nos venha através do consenso de três vontades. Antes de tudo, a vontade de Deus, que concede todas as graças. Em seguida, a vontade de Jesus Cristo que as obtém, por seus méritos, por justiça. Enfim, a vontade de Maria, medianeira secundária, que no-los merece e consegue de Nosso Senhor, por conveniência".

A mediação de Maria é imediata e universal. É imediata e universal no sentido de que Ela intervém na concessão de todas as graças mediante seus méritos passados e suas súplicas atuais. Diz São Bernardo: "Procuremos a graça por meio de Maria, porque ela encontra o que procura e consegue o que pede".

A sua piedade é tão grande que, muitas vezes, vem em nosso auxílio antes mesmo que a Ela recorramos.

Na "Salve, Rainha" saudamos Maria com as palavras: Eia, pois, advogada nossa. E o é de fato. Ela exerce seu eficacíssimo patrocínio em nosso favor, porque nos ama como filhos e quer ver-nos participantes da vida eterna.

Recorramos, pois, com toda a confiança, a essa boa mãe espiritual: se aflitos, para termos conforto; se pecadores, para livrar-nos das nossas culpas; se justos, para conseguirmos a perseverança final.

Dialogando:

1. *Qual deve ser o meu relacionamento com todos os irmãos da comunidade?*
2. *Como posso promover, entre as pessoas, a unidade, a justiça, a fraternidade, a solidariedade?*

DIA 9

MARIA E A FÉ

1. Para entender o que seja a fé, é preciso saber que Deus falou e continua falando aos homens, e que nós precisamos aderir à sua palavra se quisermos nos salvar.

Lemos na Sagrada Escritura que Deus muitas vezes falou ao homem. Falou a Adão antes e depois do pecado. Falou a Abraão, destinando-o a ser chefe de um grande povo. Falou a Moisés pedindo-lhe que libertasse os judeus da escravidão do Egito. Falou ainda aos patriarcas e profetas.

No Novo Testamento falou por meio de Jesus. É o que diz a Epístola aos Hebreus: "Outrora Deus falou a nossos pais muitas vezes e de diversas maneiras, por meio dos profetas. Nestes últimos tempos, porém, nos falou por meio de seu Filho" (1,1-2).

É, portanto, nos Evangelhos e demais escritos do Novo Testamento que devemos haurir as verdades a serem professadas e as normas morais a seguir, sempre sob a guia da Santa Igreja.

Aparecendo a Zacarias, o arcanjo Gabriel anuncia-lhe que seria pai do precursor do Messias. Ele duvida e, por isso, é punido com a mudez. O mesmo mensageiro celeste aparece a Maria e diz-lhe que seria a mãe do Salvador. Ela crê e torna-se Esposa do Espírito Santo e Mãe do Filho de Deus (Lc 1,5ss.).

O elogio da fé inabalável de Maria na palavra de Deus foi feito pela primeira vez por Isabel que, saudando sua prima que a fora visitar, lhe disse: "Bem-aventurada porque creste. Todas as coisas que te disseram da parte do Senhor, se realizarão" (Lc 1,45).

2. Mas a fé da Virgem Maria não foi um ato só daquele instante, e sim, um exercício que deveria atingir seu clímax no cimo do Calvário. Enquanto peregrinou pela terra viveu sempre a luz e a escuridão da fé.

E não só Ela foi fidelíssima em crer e guardar as verdades reveladas, mas também foi mestra dos discípulos de Jesus, após a sua ascensão ao Céu. Por isso, diz Santo Anselmo: "Maria foi chamada Mestra da fé".

Não há quem não admire a firmeza da fé da Santíssima Virgem, lá no cimo do Calvário. Os próprios apóstolos, afora João, abandonaram o Mestre e fugiram. Maria, porém, lá estava, em pé, aos pés da Cruz, mantendo inabalável a fé no seu divino Filho.

3. Sabemos que Deus fala também a cada um de nós, no íntimo das nossas consciências. Entretanto, tais inspirações não são objetos de fé.

Objeto de fé é a palavra de Deus contida na Sagrada Escritura e na Tradição como no-la propõe a santa Igreja. É por isso que o Catecismo define a fé: "Uma virtude sobrenatural, infusa, pela qual cremos nas verdades reveladas, baseadas na autoridade do próprio Deus e que nos são transmitidas pela Igreja".

A fé é o fundamento de toda vida sobrenatural. É o Batismo que nos comunica esta virtude. Cabe a nós conservar tão precioso tesouro, fazê-lo crescer e se fortificar. Com razão diz a carta aos Hebreus: "Sem fé é impossível agradar a Deus" (11,6).

A nossa fé tem de ser firme e universal. Por isso, devemos crer em todas as verdades reveladas, e não só naquelas que nos interessam ou nos agradam.

Lembremo-nos também da admoestação de São Tiago: "A fé não acompanhada de boas ações é uma fé sem valor" (2,20).

Milhares de mártires morreram testemunhando sua fé. Esforcemo-nos também nós para mantermos firme a nossa fé durante a vida para que, na hora da morte, possamos dizer como o Apóstolo São Paulo: "Combati o bom combate. Terminei minha carreira, guardei a fé. E agora, estou esperando a coroa de justiça que o justo juiz há de me dar naquele dia" (2Tm 4,7-8).

Imitemos a Santíssima Virgem em sua fidelidade para com Deus e sua lei. Digamos, com a ladainha: "Virgem fiel, rogai por nós".

Dialogando:

1. *O que é ter fé, nos dias de hoje?*
2. *Minha fé é forte? Procuro apoiar a minha vida nas palavras e exemplos de Maria?*

DIA 10

MARIA E A ESPERANÇA

1. A esperança é uma virtude sobrenatural infusa pela qual, apoiados na bondade, onipotência e fidelidade

divinas, confiamos alcançar a posse do Bem Supremo, que é Deus, e os meios necessários para consegui-los, na vida eterna.

Portanto, esperar significa aguardar algo que se deseja, com a firme confiança de consegui-lo.

O que para o viajante é a esperança de, em breve, chegar à Pátria, para o trabalhador, o salário, para o soldado, a vitória, para o agricultor, uma colheita abundante, para o cristão que se encontra cercado de tribulações, neste mundo, é a esperança da vida eterna.

A esperança é uma âncora firme para a alma. Como a âncora preserva o navio nas horas da tormenta, assim a esperança nos livra do desalento, quando nos encontramos nas dificuldades da vida. A única diferença está em que a âncora se apóia no fundo da água, ao passo que a esperança, no alto, junto de Deus.

Pela esperança o cristão vive compenetrado da própria condição de peregrino e de estrangeiro nesta terra. Considera todos os valores como efêmeros; aspira com todas as forças ao que lhe foi prometido. Diz a Escritura: "Não temos aqui cidade permanente, mas vamos em busca da futura" (Hb 13,14).

2. Mediante a fé e a graça, o homem sabe que sua felicidade se encontra em Deus. O cristão, por conseguinte, espera porque Deus prometeu que, com sua graça, o conduzirá à vida eterna. Trata-se de uma esperança sobrenatural, isto é, de uma virtude infusa. O homem material nada espera fora do mundo natural. É por isso mesmo que suas aspirações ficam sempre insatisfeitas (cf. *Suma Teol.* I-I, 40). É o que afirmava Santo Agostinho: "Senhor, tu nos criaste para ti, e o nosso coração estará sempre inquieto enquanto não repousar em ti".

3. Como foi grande a fé em Maria, assim também foi sem limites sua esperança. Em meio às maiores

provações e dificuldades, abandonou-se totalmente nas mãos de Deus, confiando em sua bondade. De fato, diz a Escritura: "Todo aquele que nele crê não será confundido" (Rm 10,11).

Estando para ser mãe, a Santíssima Virgem deu uma admirável prova de esperança em Deus: empreendeu uma longa e cansativa viagem de Nazaré a Belém, para, numa gruta, dar à luz o Verbo Encarnado, o Salvador do mundo.

Heróica também foi sua confiança em Deus, quando, obedecendo ao anjo, de noite, foi obrigada a partir para o exílio, sem recursos, seguindo um longo e perigoso caminho.

Podemos dizer que, não obstante todas as dificuldades, a Virgem Maria nunca desanimou, mas sempre confiou em Deus e depositou nele toda a sua esperança. Como diz São Paulo: "Esperou contra toda a esperança" (Rm 4,18).

Maria agiu sempre como se tudo dependesse dela e confiou em Deus como se tudo dependesse dele.

Imitemos a Santíssima Virgem e digamos com o salmista: "Em ti, Senhor, esperei, não serei confundido eternamente" (Sl 70,1). Interceda por nós Aquela que é "Mãe de misericórdia, vida, doçura e esperança nossa" (Salve, Rainha).

Dialogando:

1. *Confio e espero em Deus também quando tudo fica escuro e quando todas as luzes se apagam?*
2. *Tenho certeza que Deus nunca me abandona? Como posso contar isso aos outros?*

DIA 11

MARIA E A CARIDADE

1. Certa vez, um fariseu aproximou-se de Jesus, para pô-lo à prova, e perguntou-lhe: "Mestre, qual é o maior mandamento da lei? Jesus respondeu: "Amarás o Senhor teu Deus de todo o teu coração, de toda a tua alma e de toda a tua mente. Este é o maior e o primeiro mandamento" (Mt 22,36-38).

O amor (= caridade) é um bem absoluto, perfeito, universal, que domina, valoriza e torna preciosas todas as demais virtudes. Por isso, diz-nos o Apóstolo São Paulo: "Se eu falasse as línguas dos homens e dos anjos, mas não tivesse a caridade, seria um bronze que soa ou um sino que toca. E se tivesse o dom da profecia e conhecesse todos os mistérios e toda a ciência, e se tivesse toda a fé, a ponto de transportar montanhas, mas não tivesse a caridade, não seria nada. Ainda que eu distribuísse todos os meus bens para o sustento dos pobres e entregasse o meu corpo para ser queimado, se não tiver caridade, isso não me serve de nada" (1Cor 13,1-3).

Amar a Deus de todo o coração, quer dizer consagrar-lhe todos os nossos afetos. Amá-lo com toda a mente significa ter nossos pensamentos voltados para Ele. Amá-lo com toda a alma é dedicar-lhe todas as nossas potências espirituais. Amá-lo com todas as nossas forças é agir de modo que as nossas ações tenham por fim agradar unicamente a Deus.

Ele não é só o Bem infinito, mas também a fonte de todos os benefícios que nos concede na ordem natural e sobrenatural.

Deus não só é o amor (1Jo 4,16), mas tudo o que faz é por amor.

Criou-nos por amor (Jr 31,3); encarnou-se por amor (Jo 3,16); deixou-se crucificar por amor (Gl 3,20); quis permanecer escondido na Eucaristia por amor (Jo 13,1).

E o que nos pede em troca de tantos favores? Unicamente que o amemos. Amor com amor se paga, diz o adágio.

2. Será sempre um segredo para nós qual tenha sido a intensidade do amor de Maria para com seu divino Filho. Os Evangelhos falam-nos muito pouco a respeito disso. Mas, do pouco que sabemos, podemos deduzir algo do imenso amor que Ela teve por Jesus.

Aparecendo-lhe o anjo a saúda: "Ave, cheia de graça" (Lc 1,28). Ora, graça e amor se confundem. O desenvolvimento da graça é desenvolvimento do amor. Plenitude de graça é plenitude de amor.

Maria aceita a missão de ser mãe do Verbo divino. E aceitou esse encargo, antes de tudo, para restituir ao Criador a honra que os nossos protoparentes, pelo pecado, lhe haviam tirado.

Em seguida, vive com Jesus numa união tão íntima que, maior, não se pode imaginar.

Seu amor foi crescendo durante toda a sua vida. Ora, a intensidade do amor é proporcional à pureza do coração. Tendo Maria um coração puríssimo desde a sua Imaculada Conceição, é lógico deduzirmos que amou a Deus como nenhuma outra criatura. Pois as demais criaturas deste mundo estiveram sujeitas à concupiscência e ao pecado.

3. O amor da Virgem superou imensamente o de todos os santos. São Bernardo chega mesmo a dizer que o amor de Nossa Senhora foi superior ao dos anjos e dos serafins. Todos estes amaram como servos, Maria amou a Jesus como sua Mãe. E, depois de Deus, não há amor maior do que o de mãe: extenso como o espaço e profundo como o mar.

Peçamos à Santíssima Virgem que nos alcance a graça de pôr em prática a caridade, tão bem exposta por São Paulo: "A caridade é paciente, a caridade é benigna. A caridade não é invejosa, não se ufana, não se ensoberbece. A caridade nada faz de inconveniente, não busca seus próprios interesses, não se irrita, não suspeita mal. Não se alegra com a injustiça, mas se rejubila com a verdade. Tudo desculpa, tudo crê, tudo espera, tudo suporta" (1Cor 13,4-7).

Dialogando:

1. *Eu me interesso pelos problemas dos irmãos necessitados? Meu próximo são só os parentes e amigos?*
2. *Como aproveito os talentos que recebi de Deus? Que faço?*

DIA 12

MARIA E O AMOR AO PRÓXIMO

1. Após ter dito ao doutor da Lei qual era o primeiro mandamento, Jesus continuou: "O segundo é tão importante como o primeiro: amarás o teu próximo como a ti mesmo. Nestes dois mandamentos se resume toda a Lei e os Profetas" (Mt 22,39-40).

Amor de Deus e do próximo são a mesma coisa. Melhor, o amor do próximo deve ser a natural conseqüência do amor de Deus.

O nosso próximo faz parte do grande organismo espiritual que é a Igreja. Esta é o Corpo Místico de Cristo:

Jesus é a cabeça, os cristãos, os membros. Ora, não é possível amar a cabeça e odiar os membros.

O preceito do amor ao próximo é o que Jesus mais exalta. Podemos mesmo dizer que é "o seu preceito". "Eu vos dou um novo mandamento: que vos ameis uns aos outros. Assim como eu vos tenho amado vós deveis também amar uns aos outros" (Jo 13,34). "Se alguém diz: Amo a Deus, e detesta seu irmão, está mentindo. Porque quem não ama seu irmão, a quem vê, não é possível que ame a Deus, a quem não vê" (1Jo 4,20).

2. Sabemos que, tornando-se Mãe de Jesus, Maria assumiu deveres especiais para com os cristãos, pois, em Cristo, todos se tornaram seus filhos adotivos.

Maria é mãe dos homens não só de direito, mas o é também de fato. Ama-nos com um coração materno.

Aceitou a maternidade divina, não só para restituir a Deus a honra que o pecado lhe roubara, mas também para abrir-nos as portas do paraíso.

De fato, bastaria relembrar os episódios evangélicos da visita à sua prima Isabel e das bodas de Caná da Galiléia, para compreender como a Santíssima Virgem ama o próximo com particular delicadeza.

No cimo do Calvário exerceu o ofício de co-redentora com todo o ardor, gerando-nos com entranhas de misericórdia.

3. O nosso amor deveria espelhar-se no amor de Maria. Ela amava o próximo em vista da sua união sobrenatural com Cristo: ama os justos, porque, mediante a graça, estão intimamente unidos a Jesus; ama os pecadores, porque deseja que se convertam e se salvem.

O amor a Deus está inseparavelmente unido ao amor ao próximo. Como a planta está contida na semente, assim o amor ao próximo está incluído no amor a Deus. Portanto, quem ama a Deus, ama também o próximo, que é a imagem de Deus.

Não nos esqueçamos que o amor ao próximo inclui também o amor aos inimigos. A Sagrada Escritura é bastante clara: "Ouvirás o que foi dito: Amarás o teu próximo e odiarás o teu inimigo. Eu, porém, vos digo: Amai os vossos inimigos e orai pelos que vos perseguem" (Mt 5,43-44).

Dizia Santo Agostinho: "O homem é obra de Deus; o pecado é obra do homem. Ama o que Deus fez, não o que fez o homem".

Que a Santíssima Virgem nos alcance a graça de seguirmos o ensinamento do seu divino Filho: "Sede misericordiosos, como vosso Pai é misericordioso!" (Lc 6,36).

Dialogando:

1. *Procuro reconhecer, em todo rosto humano, o próprio Cristo?*
2. *É possível fazer as coisas para os outros, sem esperar recompensa humana?*

DIA 13

MARIA E A PUREZA

1. Quando os nossos protoparentes sucumbiram ao pecado, subverteram toda a hierarquia dos valores. Até então o homem sentia-se naturalmente levado a submeter-se a Deus. O corpo obedecia à alma e esta, a Deus. Havia a tranqüilidade da ordem.

O pecado destruiu esta paz. O corpo rebelou-se contra a alma e, esta, contra Deus.

Infelizmente, mesmo após a redenção, nós ainda sentimos as conseqüências do pecado original. O nosso corpo é um peso morto, que procura nos levar para o que é terreno, material.

Cabe à virtude da pureza conservar a ordem, manter a hierarquia, obrigar o corpo a obedecer à alma e, esta, a Deus.

Corpo e alma são dons de Deus. Portanto, é grande a dignidade de ambos. Todavia, devemos confessar que, quando permitimos que o corpo domine a alma, nos nivelamos aos seres irracionais. Quando, porém, é nossa alma que manda, nos elevamos às alturas dos espíritos celestiais. Talvez é por isso que os santos chamavam a pureza de "virtude angélica".

2. Dada a nossa natureza decaída, a pureza é uma virtude austera e delicada. Austera, porque exige uma rigorosa disciplina dos nossos sentidos. Delicada, porque está sujeita continuamente a se macular.

Maria foi puríssima na alma e castíssima no corpo. Por isso, na ladainha, a saudamos como Virgem puríssima e Virgem castíssima. Ela que devia ser o encanto de Deus Pai, a Mãe do Verbo Encarnado e a Esposa do Espírito Santo, não podia estar sujeita a nenhum pecado. A Igreja aplica-lhe as palavras da Escritura: "Ela é o cantor da luz eterna, o espelho sem mancha; nada de impuro se encontra nela" (Sb 7,25-26).

A pureza é a virtude das almas fortes. Diz o Espírito Santo: "Não há preço comparável a uma alma casta" (Eclo 26,15); "porque nos faz semelhantes a Deus" (Sb 6,19).

As almas puras são como brancas pombas que voam nas alturas, são os anjos da terra, o sorriso de Deus, a delícia do paraíso.

Jesus nutria grande estima por essa virtude. No Sermão da Montanha disse às multidões: "Bem-aventurados os puros de coração, porque verão a Deus" (Mt

5,8). E, outra vez, falando dos que têm coração puro, afirmou: "mas serão todos como os anjos do céu" (Mt 22,30).

Os puros de coração verão a Deus e serão como os anjos do céu porque têm as almas livres dos afetos desordenados. Por isso, nenhum diafragma sensível impede-lhes a visão do Bem supremo.

3. O paganismo, embora corrompido, tinha grande apreço pela pureza. Roma pagã dedicava grande estima às Vestais, conferindo-lhes privilégios iguais e até maiores dos que tributava aos Imperadores. Se, por acaso, uma Vestal violasse o voto de castidade era condenada a ser queimada viva.

Mas foi no Cristianismo que essa virtude adquiriu todo o seu esplendor. Jesus gosta de chamar-se o lírio dos vales. Por mãe escolheu uma virgem. Seu discípulo predileto foi o casto João Evangelista. Permitiu, durante sua vida, que o chamassem de perjuro, de endemoninhado, de revolucionário; mas, nunca, de homem impuro.

É bela a virtude da pureza. Mas é difícil de ser guardada. Os santos a amavam tanto, que se sujeitavam às austeras penitências para conservá-la. São Jerônimo, para manter-se puro, fugiu da luxuriosa Roma e foi para o deserto, entregando-se a severas mortificações.

Assim agiam os santos. Se quisermos conservar essa virtude, usemos dos meios que a Igreja nos propõe: vigilância, mortificação, fuga das ocasiões de pecado, oração, presença de Deus, confissão e Eucaristia.

Dialogando:

1. *Vivo aprovando os erros e a mentalidade pagã e pornográfica que aparecem nas novelas e em certos programas de televisão?*
2. *Sei viver os planos de Deus a respeito do namoro, do noivado e da família cristã?*

DIA 14

MARIA E A HUMILDADE

1. Dentre todas as virtudes cristãs, a que mais agrada a Deus, após a caridade, é, sem dúvida alguma, a humildade.

Ignorada pelos pagãos, a humildade nos foi ensinada pelo divino Mestre quando, por nosso amor, assumiu a natureza humana e levou uma vida escondida e desprezível aos olhos dos homens, como no-lo diz São Paulo: "Humilhou-se a si mesmo. Obedeceu, aceitando até a morte, e a morte numa cruz" (Fl 2,8). Ora, a humildade foi outro preciosíssimo tesouro que enobreceu a Santíssima Virgem. E o teve num grau tão elevado que, justamente por isso, foi escolhida para ser a Mãe do Verbo Encarnado. Diz São Bernardo: "Ela agradou a Deus pela sua virgindade, mas concebeu o Verbo pela sua humildade" (*Sermo Missus est*, 5).

A incomparável narrativa de Lucas fornece-nos preciosos ensinamentos relativos à humildade de Maria. Entrando onde Ela se achava, o anjo saúda Maria: "Alegra-te, cheia de graça! O Senhor é contigo" (1,28). Ela perturba-se com a saudação angélica, mas quando compreendeu ser vontade divina que se tornasse Mãe do Redentor, pronunciou aquelas palavras repassadas da mais profunda humildade e submissão: "Eis aqui a serva do Senhor! Faça-se em mim segundo a tua palavra" (Lc 1,38).

Logo em seguida, a Virgem, que acabava de conceber o Verbo Encarnado, foi apressadamente para Ain-Karim, aldeia que dista sete quilômetros de Jerusalém, onde morava sua prima Isabel. Desejava congratular-se com ela e prestar-lhe sua ajuda. Isabel, iluminada pelo Espírito Santo, conhece os grandes mistérios que Deus operou em Maria e a saúda com todo o entusiasmo do seu coração: "Bendita és tu entre as mulheres, e bendito é o fruto do teu seio!" (Lc 1,42).

Maria, então, canta o Magnificat, que é a expressão do amor agradecido à imensa bondade de Deus para com sua humilde serva. Tema principal da saudação da Virgem à sua prima Isabel é a grandeza, o poder e a bondade de Deus que exalta a pequenez dos humildes e abate o orgulho dos soberbos.

2. Infelizmente para muitos cristãos a humildade não passa de um mito. Julgamos ser humildes mas, na realidade, não o somos a não ser nas palavras. Desejamos sempre ser mais do que os outros. Para nosso ensinamento nos diz São Paulo: "Quem julga ser alguma coisa quando na realidade não é coisa alguma, engana-se a si mesmo" (Gl 6,3).

Afirma Santo Agostinho que Jesus não disse: "Aprendei de mim a construir o mundo ou a ressuscitar os mortos, mas, aprendei de mim que sou manso e humilde de coração".

3. Lemos na vida do Bem-aventurado padre José de Anchieta, apóstolo do Brasil, que teve dias de triunfo pelo seu zelo apostólico, conseguindo muitas conversões. Foi considerado como um santo, procurado por muitos pelos sábios conselhos que dava e também pela sua sabedoria. Um dia, porém, um homem mau e invejoso o destacou publicamente, ofendendo-o com palavras injuriosas, chamando-o de hipócrita, mentiroso, feiticeiro e outras expressões! Que fez o humilde missionário? Foi abraçar o adversário, dizendo-lhe: "Na verdade, o senhor me conhece bem; só o senhor sabe quanto eu valho e pode dar-me o justo valor".

Assim agem os santos que amam e praticam a virtude da humildade. Bem o diz Nosso Senhor: "Quem se exalta será humilhado e quem se humilha será exaltado" (Mt 23,12).

Dialogando:

1. *Você conhece as palavras de Jesus: "Quem quiser ser o maior, seja o servidor de todos". Que significam estas palavras?*
2. *Tenho espírito de serviço em casa e na comunidade?*

DIA 15

A VIRGINDADE DE MARIA

1. Sabemos que a maternidade divina é a coroa mais brilhante que adorna a Santíssima Virgem. Mas a pedra mais preciosa que enfeita esse diadema é, sem dúvida, a sua virgindade.

A Igreja, fiel intérprete da Escritura e da Tradição, definiu como verdade de fé a perpétua virgindade de Maria, no V Concílio de Constantinopla (533) e no Concílio Lateranense, no tempo do Papa Martinho I (649).

A virgindade de Maria não foi um dom passageiro, não foi como uma flor que nasce, cresce, se desenvolve e, por fim, fenece, murcha, seca e morre. A virgindade acompanhou-a durante todas as fases de sua vida. É esta uma verdade firmemente ensinada pela Escritura, pela Tradição e pela Igreja.

Na Sagrada Escritura é célebre a passagem de Isaías: "Eis que uma virgem conceberá e dará à luz um filho e o nome dele será Emanuel" (7,14). A tradição constante da Igreja sempre viu na Virgem predita por Isaías, Maria, a Mãe de Deus.

No Credo, dizemos: "nasceu da Virgem Maria e se fez homem".

2. Portanto, com a Igreja cremos e professamos que Maria não só foi Mãe de Deus, mas também Virgem antes do parto, durante o parto e depois do parto.

Antes do parto como no-lo refere o Evangelho: "No sexto mês o anjo Gabriel foi mandado por Deus a uma cidade da Galiléia, chamada Nazaré, a uma virgem prometida em casamento a um homem chamado José. A virgem chamava-se Maria" (Lc 1,26-27). "Então Maria perguntou: Como se fará isso? Pois sou Virgem?" (Lc 1,34).

Os Padres da Igreja, com Santo Agostinho, declaram: "Maria não teria falado assim, se não tivesse feito, a Deus, o voto de perpétua virgindade". Ela, portanto, estava disposta a renunciar à maternidade divina, se tivesse de perder a virgindade.

Foi virgem também durante o parto. Sem nenhum concurso humano, tornou-se Mãe do Filho de Deus, exclusivamente por obra do Espírito Santo. Como um raio de luz atravessa o cristal sem o danificar, mas comunicando-lhe o seu esplendor, assim Jesus, verdadeira luz do mundo, deixa sua Mãe, comunicando novo esplendor à sua virginal pureza.

Jesus nasceu de Maria da mesma forma, como mais tarde, sairia do sepulcro sem remover a pedra que o fechava, ou, como já ressuscitado, entrou no cenáculo, milagrosamente, estando fechadas as portas e as janelas.

Por fim, Maria permaneceu virgem após ter-nos dado Jesus, durante toda a sua vida. O lírio da pureza virginal levou-o intacto até os páramos celestes.

3. Unamos nossos louvores aos da Igreja que, na ladainha, saúda Nossa Senhora com a invocação: Virgem

das virgens, rogai por nós. Peçamos a essa boa Mãe que nos alcance a graça de nunca perdermos essa pérola preciosa da pureza, que nos nobilita diante dos homens e nos faz semelhantes aos anjos do céu.

Assim, após a nossa morte, teremos a alegria de ver realizada em nós a bem-aventurança ensinada por Jesus: "Bem-aventurados os puros de coração, porque verão a Deus" (Mt 5,6).

Dialogando:

1. *Muitas pessoas pensam que só é feliz quem tem dinheiro, quem tem conforto, quem sabe "aproveitar a vida". Que penso eu?*
2. *Que devo fazer com os irmãos que vivem no escândalo e não querem deixar o caminho do pecado?*

DIA 16

IMITAR A MARIA

1. Maria é o modelo mais perfeito de todas as virtudes. Devemos não só honrá-la e venerá-la mas, sobretudo, imitá-la. A imitação é a pedra de toque da verdadeira devoção mariana. Dizia São Gregório Magno: "A verdadeira devoção consiste em imitar o que veneramos".

Não há dúvida que, antes de tudo, devemos imitar o divino Mestre que, não só fez bem todas as coisas, mas após o Lava-pés disse aos discípulos: "Eu vos dei o exemplo, para que vós também façais como eu fiz" (Jo 13,15).

Em seguida, devemos imitar a Santíssima Virgem. Ela é a mulher predita pelos profetas, suspirada pelos patriarcas, desejada por todos os povos, venerada pelos anjos e louvada pelos santos.

2. Devemos imitar Maria porque supera os demais seres humanos na ordem da natureza, da graça e da glória.

Na ordem da natureza porque está acima de todos os homens e de todos os anjos. "Eu sou a primogênita de todas as criaturas" (Eclo 24,5, da Vulgata). Nada ainda tinha sido criado e Ela já existia na mente divina como diz a Escritura: "Quando não havia abismos fui concebida" (Pr 8,24). O sol e as estrelas eram destinados a servir-lhe de coroa, a lua, escabelo de seus pés. A terra, o céu, os anjos e os homens são todos seus súditos porque de todos é rainha.

Na ordem da graça também possui a primazia. Desde o primeiro instante da sua Imaculada Conceição, recebeu mais graças que todos os anjos e santos. Ao aparecer-lhe o anjo anunciando-lhe que seria a Mãe do Salvador, saudou-a com aquelas palavras: "Alegra-te, ó cheia de graça, o Senhor está contigo" (Lc 1,28). Acrescentemos as graças adquiridas durante a sua vida e teremos uma idéia da santidade de Nossa Senhora.

Na ordem da glória, Maria também se elevou acima de todas as criaturas. No céu tem maior glória quem na terra teve mais graças e mais se distinguiu na prática das virtudes. Ora, a Santíssima Virgem superou a todos os seres criados. Logo, deve estar acima de todos. É Rainha dos patriarcas e dos profetas, dos apóstolos e mártires, dos confessores, das virgens e de todos os Santos. Não só, está acima dos anjos e arcanjos, dos querubins e serafins, porque é a criatura que depois de Jesus ocupa o primeiro lugar no paraíso.

3. Por isso, o mundo todo a estima, a honra, a venera e procura imitá-la. Ilustres personagens da terra como reis, imperadores, príncipes e guerreiros, poetas, artistas, músicos, filósofos, teólogos e doutores, em todos os séculos sempre lhe tributaram grandes louvores.

Seja, portanto, a nossa imitação a Maria uma conseqüência do nosso amor por Ela. Dizia São Boaventura: "Ó vós todos que amais a Maria, revesti-vos dela; brilhe Ela na vossa vida, resplandeça nas vossas obras". Lembremo-nos de que imitar a Maria é o meio mais fácil e mais simples para imitarmos a Jesus.

Lê-se de uma menina de bons sentimentos, mas um tanto vaidosa, que, um dia, do colégio onde era educada, enviou à sua mãe uma cartinha pedindo que lhe mandasse um espelho.

A mãe respondeu que, ao invés de um, lhe enviaria três. De fato, chegaram os três embrulhos. A menina abriu o primeiro e encontrou um espelho verdadeiro com uma inscrição: "Eis o que és". Abriu o segundo, e apareceu uma caveira com as palavras: "Eis o que serás". Abriu o terceiro e encontrou uma imagem da Imaculada Conceição, com os dizeres: "Eis o que deves ser". A menina entendeu qual era o desejo da mãe. Beijou a imagem e decidiu tomá-la por modelo.

É o que devemos fazer também nós, se quisermos ser verdadeiros filhos de Maria.

Dialogando:

1. *Falo mentiras para esconder e disfarçar erros e minhas fraquezas?*
2. *Que qualidade, que virtude, eu mais admiro em Maria?*

DIA 17

CONFIAR EM MARIA

1. Cristóvão Colombo, célebre navegador genovês, estava para zarpar de Palos, a fim de empreender uma longa e perigosa viagem, que resultaria na descoberta do novo mundo. Estavam presentes para a partida o rei, a rainha da Espanha e grande multidão de povo. Tudo estava pronto, mas o intrépido navegador não dava a ordem de partir.

Perguntaram-lhe, então: Está faltando alguma coisa? Resposta: Sim. Falta no mastro a bandeira de Nossa Senhora.

Só quando no alto da caravela Santa Maria começou a tremular o pavilhão da Virgem Santíssima, foi dada a ordem de levantar as âncoras e partir.

Cristóvão Colombo era um homem profundamente religioso e depositava grande confiança em Nossa Senhora. Sob a sua proteção descobriu novas terras e novos povos.

2. Sabemos que a nossa inteligência deve prestar um culto especial de veneração à Virgem Maria; o nosso coração, o tributo do amor; a vontade, a homenagem da nossa confiança.

Temos necessidade de confiar em Maria porque a nossa vontade foi tão vulnerada pelo pecado original que, na presente ordem das coisas, só pelas nossas forças naturais não podemos chegar à salvação.

É verdade que o pecado original não destruiu totalmente o livre-arbítrio, mas o enfraqueceu grandemente. Por isso, baseados só em nossos meios naturais não podemos resistir ao mal.

É necessário, como dizem os teólogos, que nos seja comunicada a graça, que nos dá forças para podermos evitar o mal, fazer o bem e conseguir a salvação.

Ora, já sabemos que todas as graças nos vêm através de Nossa Senhora que é a medianeira universal, a distribuidora de todos os dons divinos. Por seus méritos e intercessão Ela nos alcança de seu divino Filho tudo o que quer. Por isso São Bernardo, com certo exagero, a chamava de "Onipotência suplicante".

Dessa dupla constatação de que, sem a graça não podemos nos salvar e de que todo auxílio divino nos vem através do místico canal de Maria, deduzimos que a nossa vontade, necessariamente, deve confiar na Santíssima Virgem.

3. Ela é mãe de misericórdia. Foi escolhida por Deus para exercer em nosso favor a compaixão e a bondade.

Sabendo que estamos expostos aos assaltos da concupiscência, do mundo e do demônio, Ela tem piedade de nós, mesmo quando caímos no pecado. Obtém-nos de Jesus a graça da conversão, do progresso espiritual e da perseverança.

Terminemos essas reflexões com as palavras afetuosas e cheias de confiança dirigidas por São Bernardo a todos os cristãos que navegam pelo mar da vida: "Se sois agitados pelas ondas e tempestades deste mundo, não tireis os olhos do esplendor dessa estrela, para não perecerdes em meio à borrasca. Se os ventos das tentações se levantarem, se sofreis nos escolhos das tribulações, olhai para a estrela, invocai a Maria. Se sois batidos pelas ondas do orgulho, da ambição, da inveja, da maledicência, olhai para a estrela, invocai a Maria. Se o desprezo, a avareza, os atrativos da carne agitam a barquinha da vossa alma, dirigi-vos a Maria. Se vos entristece a enormidade de vossas faltas, se vos confunde a feiúra da vossa consciência, se vos atemoriza o futuro juízo, pensai em Maria. Nas vossas dúvidas, nas vossas angústias, nos vossos perigos, olhai para a estrela, pensai em Maria".

Se confiarmos na Santíssima Virgem, certamente Ela estenderá sobre nós seu manto maternal e nos alcançará a libertação e a paz.

Dialogando:

1. *Como Maria, eu acredito que Deus está no mundo de hoje e caminha com seu povo?*
2. *O que você pode dizer aos nossos irmãos que enfrentam sérios problemas por falta de emprego, de casa, de escola, de hospital? Como unir-se a eles?*

DIA 18

AMAR A MARIA

1. Já falamos sobre a veneração que a nossa inteligência deve à Santíssima Virgem. Vejamos, agora, o amor que lhe devemos pela sua amabilidade, pela sua beleza e pela sua bondade.

Todos sabemos que o coração foi feito para amar, como os olhos para ver, os ouvidos para escutar e a boca para falar.

Por lei divina, sabemos que, em primeiro lugar, devemos amar a Deus e, depois, o nosso próximo como a nós mesmos, por amor de Deus. A Santíssima Virgem, entretanto, por ser a criatura mais perfeita e mais santa criada pelo Onipotente, merece um amor todo especial.

É o culto que chamamos de hiperdulia, somente a Ela tributado. A Igreja, na ladainha, saúda-a com o título de Mãe amável.

2. Maria é amável pela sua beleza. Lê-se que São Dionísio Areopagita, indo visitá-la quando ainda vivia, ficou tão encantado com sua extraordinária beleza que, se não fosse uma idolatria, se teria prostrado diante dela para adorá-la.

Em sua gloriosa Assunção ao céu, foram-lhe ao encontro os coros angélicos que, ao vê-la, tomados da mais sublime admiração, não puderam deixar de exclamar: "Quem é esta que avança como a aurora, bela como a lua, resplandecente como o sol?" (Ct 6,10).

O grande Bispo francês, Bossuet, falando da fantástica formosura de Nossa Senhora, dizia: "Se convinham à Humanidade de Cristo todas as perfeições da natureza e da graça, não era menos conveniente que, Aquela que devia proporcionar com suas carnes tal Humanidade, tivesse também o privilégio de uma beleza de certo modo divina".

Maria é também amável pelo seu grande amor para conosco. O amor de todas as mães pelos seus filhos, o amor de todos os esposos, de todos os amigos, de todos os homens e, até dos anjos, comparado ao de Maria não é senão uma gota de água diante do imenso oceano.

Ora, diz o adágio: O amor com amor se paga. Não arrebatará os nossos corações Aquela que se apresenta como "a mãe do belo amor" (Eclo 24,18)?

3. Finalmente, Nossa Senhora é amável pelos ofícios que exerceu. Além de Mãe de Deus, é também mãe de todos os homens, justos ou pecadores. É nossa Co-Redentora, Medianeira e Advogada. Nós podemos e devemos temer a Deus, a quem muitas vezes ofendemos, podemos e devemos temer a Jesus, que um dia será nosso juiz: nunca, porém, devemos temer Aquela que

sempre invocamos como a Mãe amável "a clemente, a piedosa, a doce Virgem Maria" (Salve, Rainha).

Dialogando:

1. *O mundo de hoje é diferente do mundo em que nasceu, viveu e morreu Maria?*
2. *Como Maria, a minha vida também pode voltar-se para o serviço dos irmãos?*

DIA 19

VENERAR A MARIA

1. Para animar-nos a prestar uma especial homenagem a Nossa Senhora, a Igreja saúda-a com o título de Virgem venerável. De fato, Ela é digna que a veneremos com nossa inteligência, a amemos com nosso coração, nela confiemos com nossa vontade e a imitemos com todo o nosso ser.

Sabemos que, antes de tudo, com um culto de latria, devemos venerar a Deus, reconhecendo que é o princípio e o fim de todos os seres, "pois nele vivemos, nos movemos e existimos" (At 17,28).

Mas, depois de Deus, a criatura que mais devemos venerar é, sem dúvida alguma, a Santíssima Virgem, que é Mãe de Jesus e também nossa mãe espiritual.

Nossa Senhora merece nossa especial veneração pela eminência de suas virtudes e pela sua santidade. Deus concede suas graças de acordo com a dignidade das pessoas e a grandeza da sua missão. Ora, ninguém teve tantos privilégios como Maria; somente Ela exerceu a sublime e difícil missão de cuidar do Verbo Encarnado.

Pio IX, na Bula "Inefabilis" diz: "Deus a cumulou com a abundância dos dons celestes, acima dos espíritos angélicos, muito mais que todos os santos".

Ela foi cheia de graça desde o início de sua Imaculada Conceição. No dia de Pentecostes o Espírito Santo a enriqueceu com as mais eleitas bênçãos, tornando-a objeto de admiração dos homens e dos seres celestes.

2. Uma pesquisa realizada há cinqüenta anos catalogou mais de quarenta e cinco mil volumes escritos sobre Nossa Senhora. Atualizando essa pesquisa, teríamos uma fantástica biblioteca em cujo frontispício poderíamos escrever as palavras dos provérbios: "Levantaram-se os filhos para chamá-la bem-aventurada" (31,28).

Nunca poderemos dizer que veneramos demais a Santíssima Virgem. Todas as nossas homenagens estarão sempre aquém de seus merecimentos. Dizia Santo Agostinho: "Maria é a obra-prima que não foi superada senão pelo Artífice Supremo". Daí merecer Ela a nossa mais profunda veneração.

3. Terminemos essas reflexões com as maravilhosas palavras de São João Damasceno, o santo entusiasta de Nossa Senhora.

"Deus te salve, ó verdadeiramente cheia de graça! Tu és mais santa que os Anjos, mais excelsa que os Arcanjos, mais admirável que os Tronos, mais dominadora que as Dominações e mais alta nas virtudes que as próprias Virtudes. Deus te salve, ó cheia de graças, que és superior aos Principados, mais sublime que as Potestades, mais bela que os Querubins, mais augusta que os Serafins, mais alta que os céus e mais pura do que o sol que nos ilumina."

Que belos louvores! Que magnífica saudação!

Dialogando:

1. Qual é a Religião que eu pratico? Ela é verdadeira ou alienada?
2. Saberei responder por que muitas (ou algumas) pessoas se dizem "cristãs", mas andam inventando uma religião que não é a do Cristo?

DIA 20

MARIA E A PRUDÊNCIA

1. Na ladainha, Nossa Senhora é invocada com o título de Virgem prudentíssima; isto é, ornada daquela virtude que, no dizer dos santos, é companheira inseparável das grandes almas.

Essa virtude deve ser praticada por todos, porque nos livra de muitos perigos, guarda em nós o tesouro das demais virtudes, e é uma espécie de luz no caminho da nossa santificação. Dizia São Gregório que, sem a prudência, as outras virtudes não podem existir.

No sentido cristão, a prudência é a primeira das virtudes morais. Ela regula os nossos atos, faz-nos conhecer e pôr em prática o que devemos fazer ou evitar, determinando o tempo, o lugar, o modo e o fim conveniente para as nossas ações. Podemos dizer que é um cristão prudente quem, em seu agir, visa à glória de Deus e a própria salvação, usando para tal fim os meios mais apropriados. Diz-nos a Sagrada Escritura: "Com a sabedoria edifica-se a casa e consolida-se com a prudência" (Pr 24,3).

2. Tendo por conselheira a prudência, o cristão conhece o caminho das outras virtudes morais e sabe evitar os excessos mesmo na prática do bem. A prudência é para a vida cristã o que o sol é para a natureza, um rei para o povo, um comandante para o navio, o olho para o corpo. Por isso, Santo Antônio, falando aos seus confrades sobre as virtudes, deu a primazia à prudência, baseando-se no oráculo do Espírito Santo: "A ciência dos santos é a prudência" (Pr 9,10). E Santo Tomás: "A prudência é a norma das virtudes".

Até os pagãos reconheciam o valor e a necessidade da prudência. Certa vez, perguntaram a Sócrates o que era a prudência. Resposta: É o ornamento da alma. Como um navio deve estar bem equipado para singrar os mares, assim devemos prover a nossa vida com a prudência. Como ninguém pode usar um cavalo sem freio, assim também não se podem usar com segurança as riquezas sem a prudência. E recomendava aos discípulos, especialmente essas três coisas: "no ânimo a prudência, na língua o silêncio e no rosto a vergonha".

São Bernardo chamava a prudência de guardiã das virtudes, afirmando que, sem ela, as demais degeneram em vícios.

Aí está por que Nosso Senhor nos fez a recomendação: "Sede, portanto, prudentes como as serpentes" (Mt 10,16). As serpentes temem sempre as ciladas e, por isso, expõem o corpo para salvar a cabeça.

Além disso, o divino Mestre colocou a prudência como um sinal distinto da predestinação à glória eterna. Na parábola por Ele narrada, só as virgens prudentes foram admitidas ao banquete nupcial. As estultas foram excluídas com a terrível recusa: "Em verdade vos digo: não vos conheço" (Mt 25,12).

3. Podemos dizer que Maria Santíssima foi prudente durante toda a sua vida.

Foi prudente na anunciação, quando ficou sabendo que tinha sido escolhida para ser Mãe do Redentor.

Mais tarde, quando encontrou o Menino Jesus no templo, com quanta ternura lhe disse: "Filho, por que agiste assim conosco? Teu pai e eu estávamos aflitos à tua procura. Respondeu-lhes ele: Por que me procuráveis? Não sabíeis que devo me ocupar com as coisas do meu Pai?" (Lc 2,48-49). Diz o Evangelista que Maria guardava todas essas coisas no seu coração.

Nas Bodas de Caná, quando veio a faltar o vinho, Maria se dirige ao Filho: "Eles não têm mais vinho" (Jo 2,3-4). Embora Jesus lhe responda que ainda não havia chegado a hora de fazer milagres, ela dá aos servos o benévolo conselho: "Fazei tudo que ele vos mandar" (Jo 2,5).

Dizem os santos que Maria foi sempre prudente no seu falar. Podemos deduzir isso das sete vezes que se manifestou. Não é sem motivo que o Espírito Santo nos diz: "Nas muitas conversas não faltará o pecado, e o que refreia os seus lábios é sábio" (Pr 10,19).

Tenhamos sempre diante de nós os exemplos que a Santíssima Virgem nos deu desta virtude. Pratiquemo-la constantemente, para que possamos navegar tranqüilos, pelo encapelado mar da vida.

Dialogando:

1. *Tenho medo de assumir compromissos com Jesus? Por quê?*
2. *Existe diferença entre prudência e medo? Qual?*

DIA 21

MARIA E A FORTALEZA

1. Diz um poeta: "A vida é combate, que os fracos abate, viver é lutar". O santo rei Jó, falando da nossa existência, diz: "Não é, acaso, uma luta a vida do homem sobre a terra?" (Jó 7,1).

É, pois, necessário que nos armemos de muita coragem e tenhamos o auxílio divino, para vencermos as dificuldades materiais e espirituais, que encontramos em nossa caminhada terrena.

Felizmente, nós, os cristãos, temos à nossa disposição um perfeito exemplo de fortaleza e um poderoso auxílio em nossas necessidades. É a Santíssima Virgem, a mulher forte da Sagrada Escritura, que a Igreja, na ladainha, saúda com o duplo título de: Torre de Davi e Torre de marfim. Não é à toa que são aplicadas a Nossa Senhora as palavras do Cântico dos Cânticos: "Teu pescoço é como a torre de Davi, construída como fortaleza, da qual pendem mil broquéis, todos os broquéis dos heróis" (Ct 4,4).

2. A fortaleza é aquela virtude moral que nos dá coragem para vencermos as dificuldades e lutas da vida. Tal foi a fortaleza de Maria. Não pensemos que viveu num oásis de tranqüilidade, de paz e amor, puramente imersa na contemplação. Pelo contrário, sua existência foi pontilhada de provações e sofrimentos, perfeitamente conhecidos só por Deus.

As dificuldades passadas na gruta de Belém; a fuga para o Egito; a profecia do velho Simeão; os desprezos dos seus concidadãos, as tramas e as perseguições dos judeus, os sofrimentos do Getsêmani, do Pretório de

Pilatos e do Calvário; são todos fatos a nos dizerem que a vida de Maria foi um contínuo e doloroso martírio.

3. Diante de tão admirável exemplo de fortaleza e domínio de si, como não devem ficar confusos os cristãos que, por inconstância ou fraqueza, renegam a própria fé. E, muitas vezes, por vergonha ou respeito humano. Não nos esqueçamos do que nos diz Jesus, no Evangelho: "Mas aquele que me renegar diante dos homens, também eu o renegarei diante de meu Pai que está nos céus" (Mt 10,33).

Procuremos imitar Nossa Senhora em sua fortaleza e constância. Diz São Gregório: "Não sejamos caniços agitados pelo vento, mas como torres, firmes no cumprimento de nossos deveres para com Deus e nossos irmãos".

Dialogando:

1. *Sei aceitar os sofrimentos, as contrariedades e os desafios da vida?*
2. *Diante dos problemas que sacodem minha família, sou corajoso?*

DIA 22

MARIA, NOSSA SENHORA DO BOM CONSELHO

1. Dentre os belos títulos com os quais saudamos a Santíssima Virgem, implorando o seu auxílio, temos o de Mãe do bom Conselho. No início, não havia na ladainha lauretana esta invocação. Foi introduzida por Leão XII, em tempos difíceis quando, particularmente as autoridades, precisavam de muito conselho para exercerem seus cargos.

O conselho é um dos sete dons do Espírito Santo. Ele nos dirige nos momentos difíceis, faz-nos discernir a verdade da mentira e conhecer o que é inspiração divina ou engano do demônio.

Deus deseja que todos se salvem e cheguem ao conhecimento da verdade. Por isso, em sua infinita bondade, proporciona a todos, especialmente nos momentos e circunstâncias difíceis, uma ajuda particular através do dom do conselho.

Todos temos necessidade desse dom sobrenatural do conselho, ou seja, do espírito de discernimento, que nos guie em nossas ações. Por isso, devemos pedir sempre ao Espírito Santo que ilumine a nossa mente, para afastarmos as dúvidas e podermos ter as luzes necessárias para agradar a Deus e salvar a nossa alma. Então poderemos exclamar como o rei Davi: "O Senhor é minha luz e salvação; a quem temerei? O Senhor é o baluarte da minha vida; de quem terei medo?" (Sl 27,1).

2. Em nenhuma outra criatura resplandeceu tanto o dom do conselho como na Santíssima Virgem, cuja

alma esteve sempre voltada para Deus. Por isso, a Ela mais do que a qualquer outra criatura podem-se aplicar aquelas palavras divinamente inspiradas: "O conselho te guardará e a prudência te salvará" (Pr 2,11). E ainda: "Meu é o conselho e a eqüidade; minha é a prudência" (Pr 8,14).

Não admira, pois, que os Padres e Doutores da Igreja, para conservarem pura a doutrina de Jesus Cristo, em meio a tantos erros, sempre recorreram ao auxílio e proteção de Nossa Senhora.

3. Não sejamos guias de nós mesmos no caminho da salvação. Acatemos as luzes do Espírito Santo que nos admoesta: "Nada faças sem conselho e, depois de feito, não terás do que te arrependeres" (Eclo 32,19).

Recorramos com fé e humildade ao Doador de toda luz, repetindo as palavras do salmista: "Ouvirei o que me falar o Senhor Deus" (Sl 84,9).

E como todos somos devedores à Mãe do bom Conselho, que cooperou para a nossa redenção, peçamos-lhe que nos alcance as graças necessárias para sempre seguirmos as boas inspirações com presteza e docilidade de coração. É o que nos recomenda a carta aos Hebreus: "Hoje, se ouvirdes a sua voz, não endureceis vossos corações" (3,7-8).

Assim, ajudados pela nossa Mãe celeste, seremos participantes das promessas feitas àqueles que "receberam o espírito de adoção de filhos de Deus" (Rm 8,15).

Dialogando:

1. *Que faço para animar, aconselhar e ajudar os que vivem desencorajados?*
2. *Que é preciso para se poder dar conselho a outros?*

DIA 23

MARIA, ROSA MÍSTICA

1. A natureza nada tem de mais belo e atraente do que as flores. São o sorriso da primavera, o cálice do orvalho, os tesouros do mel e o encanto dos olhos. Diz Nosso Senhor: "Reparai como os lírios não trabalham nem fiam. E eu vos garanto: "Nem Salomão, em toda sua glória, se vestiu como um deles" (Lc 12,27).

A Igreja chama a Santíssima Virgem de rainha das flores, invocando-a com o título de Rosa Mística.

Deplorável era a situação da humanidade após o pecado dos nossos protoparentes. Há quatro mil anos, jazia num triste abandono, sem que uma flor germinasse sobre a terra. Mas, finalmente, chegada a plenitude dos tempos, entre aquelas seculares ruínas, despontou uma rosa que fez rejuvenescer o universo: nasceu Maria, a Rosa Mística.

Foi Ela que deu início à alegre primavera, na qual floresceram numerosos santos. Foi o ponto de partida para o surgimento de muitas almas escolhidas, que vieram transformar o mundo, como afirma o Profeta Ezequiel: "Aquela terra inculta, tornou-se como um jardim de delícias" (36,35).

2. Costumamos dizer que não há rosas sem espinhos. Maria Santíssima, a Rosa Mística, também os teve e, muitas vezes, bem agudos.

Foram as contrariedades, as angústias, as provações, as dores que teve de enfrentar durante sua vida. A "Cheia de graça" foi a cópia mais perfeita de Jesus nas virtudes, mas o foi também nos sofrimentos.

Depois de Jesus, ninguém teve de beber um cálice tão amargo como o bebeu Maria.

Lembremos somente os sofrimentos pelos quais passou, após ter-se tornado mãe: a pobreza na gruta, a fuga para o Egito, a profecia do velho Simeão, a perda do Menino Jesus, o encontro de Jesus na subida do Calvário, a paixão e a morte de Jesus, foram todos espinhos que feriram melancolicamente a alma da Santíssima Virgem. Por isso, a Igreja a chama: Mãe das Dores. E notemos que Maria tudo suportou com paciência e resignação cristã. Não é à toa que lhe são aplicadas as palavras: "Ó vós todos que passais pelas estradas da vida, julgai e vede se é possível uma dor tão grande como a minha dor" (Lm 1,12).

3. Nós também, durante a nossa vida, passamos por muitas dificuldades: pobreza, doenças, calúnias, perseguições, angústias e sofrimentos. São todas cruzes que nos acompanham neste vale de lágrimas em que vivemos. Como Nossa Senhora, esforcemo-nos para carregá-las pacientemente, lembrados do que diz Nosso Senhor: "Se alguém quer me seguir, renuncie a si mesmo, tome a sua cruz e siga-me" (Mt 16,24).

Dizia São Francisco de Assis: "É tão grande o bem que eu espero que, todo sofrimento, para mim se transforma em alegria".

As cruzes são fonte de méritos para a vida eterna e, também, a expressão de que somos amados por Deus, como diz a Escritura: "Porque Deus corrige a quem ama e aflige o predileto" (Pr 3,12).

Não façamos como o cão que, atingido por uma pedra, ao invés de ver a mão que atirou, lança-se estultamente contra a mesma pedra, tentando mordê-la e, assim, a sua cólera não tem outro efeito senão ferir-lhe os dentes.

Dialogando:

1. *Que significam estas palavras: "Não há rosas sem espinhos"?*
2. *Que alegrias e que tristezas tenho eu na vida? Sei curtir esses momentos?*

DIA 24

MARIA, SAÚDE DOS ENFERMOS

1. Dificilmente encontramos alguém que, durante a vida, não tenha sofrido alguma doença. O pecado original abriu as portas para todos os males e os entornou sobre o gênero humano.

Consola-nos muito saber que no céu temos em Maria Santíssima a melhor das mães, sempre disposta a nos socorrer e aliviar em nossas necessidades materiais e espirituais. É por isso que a Igreja a saúda com o título de: Saúde dos enfermos.

2. Sabemos que o nosso grande médico é Jesus "porque dele saía uma força que curava todos" (Lc 6,19). Mas a carne de Jesus Cristo, da qual brotava a virtude que sarava as doenças, é também a carne de Maria. Que dizer, então, do poder que possui Ela agora, quando está sentada à direita do seu divino Filho no paraíso?

Muitas vezes, as doenças são meios utilizados por Deus, para que nos desapeguemos um pouco dos bens deste mundo, como nos diz a Sagrada Escritura: "Porque não temos aqui uma cidade duradoura, mas andamos em busca da futura" (Hb 13,14).

3. Lembremo-nos também que as enfermidades físicas não são o mal maior. Estamos sujeitos ao pecado, mal moral, que é pior que as enfermidades do corpo. Santo Ambrósio as chama de febres. Dizia ele: "Nossa febre é a avareza, nossa febre é a concupiscência, nossa febre é a luxúria, nossa febre é a ambição, nossa febre é a ira, nossa febre é a libido, nossa febre é a cólera".

No alto do Calvário Jesus nos deu Maria por mãe. Sabemos quanto Ela é poderosa junto de seu divino Filho. Como o filho pródigo, em nossos sofrimentos, digamos: levantar-me-ei e irei à minha mãe dizendo-lhe com o salmista: "Sede para mim qual rocha de refúgio, uma cidadela defensiva, onde me possa salvar" (Sl 30,2).

Com a Igreja, cheios de confiança, digamos: "Saúde dos enfermos, rogai por nós".

Dialogando:

1. *Não posso aprovar o erro, a maldade, a injustiça, a bebedeira. Mas como trato os que caíram e são "doentes de espírito"?*
2. *Que faço quando me acontece alguma doença, desgraça ou morte na família?*

DIA 25

MARIA, CONSOLADORA DOS AFLITOS

1. Na ladainha, Nossa Senhora é invocada com o título de Consoladora dos aflitos.

Não há quem não saiba que a vida do homem sobre a terra é uma sucessão contínua de dias alegres e tristes, de momentos prósperos e adversos. Este mundo não é um paraíso de delícias, mas um vale de lágrimas. São tristemente célebres as palavras da Sagrada Escritura: "O homem, nascido de mulher, tem vida curta e cheia de misérias" (Jo 14,1).

Basta olhar ao nosso derredor e logo veremos que as dificuldades são companheiras inseparáveis do homem. No casebre do pobre, nas mansões dos ricos, nos palácios reais entre tronos, tapetes finos e objetos dourados, encontramos muitas vezes a angústia, o sofrimento e a desilusão.

Em qualquer idade em que nos encontremos, na infância, na adolescência, na juventude ou na velhice, as mais variadas dificuldades estarão ao nosso lado, torturando melancolicamente a nossa alma. E sabemos o quanto é difícil encontrar alguém que nos socorra. Até que a sorte nos sorri, temos muitos amigos, mas se a fortuna nos abandona, eles somem como a neblina aos raios do sol, deixando-nos curtir sozinhos as nossas desilusões.

É verdade que, nessas horas, como diz São Paulo, podemos sempre contar com "o Pai das misericórdias, o Deus de toda a consolação. Ele nos consola em todas as nossas aflições" (2Cor 1,3-4).

2. Mas, não nos esqueçamos que, depois de Deus, a Santíssima Virgem está sempre disposta a interceder por nós, seus filhos espirituais. Ela mais do que ninguém bebeu o cálice da amargura até a última gota. Durante 33 anos permaneceu ao lado de Jesus, partilhando de todos os sofrimentos, a ponto de ser chamada: "Mãe das Dores".

Diz a Sagrada Escritura de Judite: "Tu és a glória de Jerusalém, a alegria de Israel, a honra do nosso povo" (Jt 15,9). Este elogio com mais propriedade poderia ser tributado a Nossa Senhora. Pela Tradição sabemos que, após a Ascensão de Jesus ao céu, Ela tornou-se o consolo dos apóstolos, a alegria dos fiéis e o conforto de todos os que a Ela recorriam.

3. Há vinte séculos, Nossa Senhora protege povos e nações, famílias e indivíduos que passam por dificuldades públicas ou privadas. A história está repleta de fatos que nos provam como Maria foi sempre o socorro dos desamparados e o auxílio de todos os sofredores.

Quando nos sentirmos oprimidos pelas cruzes, pelas tribulações ou sofrimentos, recorramos, confiantes, Àquela que é invocada como a Consoladora dos aflitos. Lancemo-nos em seus braços maternos, e, certamente, Ela intercederá por nós junto de Jesus, para que nos conceda a tranqüilidade, a alegria, a felicidade e a paz.

Dialogando:

1. *Conheço a situação real da comunidade onde vivo? Quais são as necessidades básicas dos meus irmãos que moram perto de mim?*
2. *Por que existe tanta miséria no meio de nós?*

DIA 26

MARIA, AUXÍLIO DOS CRISTÃOS

1. Sobejos motivos tem a Igreja para exaltar a Santíssima Virgem, invocando-a como auxílio dos cristãos e baluarte contra os seus inimigos.

A História do povo cristão é uma seqüência contínua de graças e auxílios da Mãe de Deus para com o corpo místico de Cristo.

São muito íntimas as relações entre Maria e a Igreja. Por isso, Ela a protege de um modo todo particular. São tão grandes as semelhanças entre Maria e a Igreja que muitas afirmações do Espírito Santo sobre a Igreja os doutores as aplicam também a Maria. De fato, uma e outra são Filhas do mesmo Pai, Esposas do mesmo Espírito e Mães do mesmo Filho.

A Igreja torna-se mãe dos cristãos pelo Batismo; Maria gera-os no Calvário; a Igreja administra os Sacramentos na terra; Maria é dispensadora das graças no Céu. A Igreja, como o corpo místico de Cristo, reinará, um dia, no Céu; Maria reina desde agora porque é Mãe de Jesus Cristo.

Podemos dizer que Maria de certo modo é a Mãe da fé cristã, pois somente Ela conservou o testemunho dos primeiros momentos do Verbo Encarnado e dos seus vagidos. E durante os trinta anos que Jesus passou em Nazaré, foi testemunha ocular da vida do Homem-Deus.

2. Afirmam os Santos Padres que, após a Ascensão de Jesus e o Pentecostes, a voz de Maria foi para os Apóstolos a voz do Espírito Santo. Diz Santo Anselmo que, não obstante a descida do Espírito Santo, muitos

mistérios foram revelados aos discípulos por Nossa Senhora.

A Santíssima Virgem não só é o auxílio da Igreja em geral, mas o é também de cada cristão em particular. Não é, talvez, o cristão um membro do Corpo místico de Cristo, que Ela tanto ama? Não pertence todo cristão Àquele povo que é chamado de conquista (1Pd 2,8)? Ora, tal conquista não é obra só de Jesus, mas também de Maria, porque ela foi a Co-Redentora. Por isso, o povo cristão é também o povo de Maria.

3. Nossa Senhora vigia continuamente cada um de nós e nos obtém as graças para evitarmos o pecado, para termos paciência e resignação cristã nos sofrimentos. Ela é, como diz São João Damasceno, o pronto-socorro em todas as nossas necessidades.

Agradeçamos, portanto, à Bondade Divina que nos deu Maria Santíssima na qual, depois de Jesus, podemos depositar toda a nossa esperança e salvação. Para merecermos, porém, o seu socorro é preciso que sejamos cristãos autênticos, fiéis seguidores dos ensinamentos que nos deixou e dos exemplos que nos deu.

Dialogando:

1. *Penso em ajudar as famílias que sofrem por causa do desemprego, da pobreza, da falta de assistência médica, do alcoolismo, das drogas?*
2. *A exemplo de Maria, como posso auxiliar os outros?*

DIA 27

MARIA, RAINHA DO CÉU

1. Após a sua gloriosa Assunção, a Santíssima Virgem passou a ocupar um lugar de destaque ao lado do seu divino Filho. A Igreja tributa-lhe o honroso título de Rainha do Céu, reconhecendo que todos os seres criados do paraíso passam a ser súditos de tão excelsa Rainha.

Os anjos prestam-lhe homenagem, pois Ela os supera pela sua dignidade, pelas suas virtudes e pelo grau de glória a que foi elevada. Por isso, canta a Igreja: "Foi exaltada a Mãe de Deus sobre os coros dos anjos no céu" (Of.).

2. Os patriarcas eram personagens do Antigo Testamento, que gozavam de grande estima, considerados como escolhidos por Deus para conservar as antigas tradições e transmiti-las aos pósteros. Maria é saudada como Rainha dos patriarcas porque Ela mesma é descendente deles, supera-os pelo conhecimento da verdadeira religião, pela fé, pela esperança e pela santidade da vida.

Rainha dos profetas, pois Ela própria foi objeto dos seus vaticínios, porque Mãe de Jesus, o maior de todos os profetas. O seu Magnificat é uma admirável profecia que fez de si mesma e que continua se realizando até os nossos dias.

Rainha dos apóstolos porque, por primeira exerceu o ofício de apóstolo, anunciando ao mundo a boa nova da Redenção. E ainda porque os superou a todos no zelo pela santidade da vida e pela sublimidade da sua doutrina.

Rainha dos mártires porque, embora não tenha derramado o seu sangue para testemunhar sua fé, sofreu no seu coração o que os mártires e o seu próprio Filho sofreram em suas carnes. E o sofrimento dela durou não só umas horas, mas a vida inteira.

Maria é saudada como Rainha dos confessores, porque foi a primeira a seguir Jesus Cristo e a dar testemunho de sua divindade. Foi também perfeito modelo de todas as virtudes que os confessores praticaram nas mais variadas circunstâncias da vida.

Rainha das virgens porque Ela também o foi antes, durante e após o parto. Além disso, superou a todas pela sua virginal pureza e, com o perfume das suas virtudes, arrastou após si uma legião de outras criaturas, que foram admitidas nas núpcias eternas do Rei da glória.

Enfim, Maria é invocada como Rainha de todos os santos, porque nenhum se igualou a Ela na santidade da vida e na perfeição. Além disso, todos devem à sua intercessão a glória eterna que possuem no céu.

3. Não nos esqueçamos de que a Santíssima Virgem só chegou a ser coroada Rainha do Céu após ter percorrido o caminho estreito do sofrimento. São Paulo adverte-nos: "O atleta também não recebe a coroa se não lutar conforme as regras" (2Tm 2,5).

Maria foi a mais pura, a mais humilde, a mais santa de todas as criaturas, foi a Mãe do Redentor. Merecia, pois, ser exaltada acima de todos os bem-aventurados do céu. As suas virtudes, os seus méritos, a sua dignidade dão-lhe o direito de ser coroada Rainha de todos os santos e de sentar-se à direita de seu divino Filho, como nos diz a Sagrada Escritura: "Está sentada à tua direita a rainha vestida com ouro de Ofir" (Sl 45,10).

Dialogando:

1. *Creio firmemente numa outra vida?*
2. *Vivo desligado das realidades eternas? Que vida estou levando?*

DIA 28

MARIA E SUA IMACULADA CONCEIÇÃO

1. A Igreja, através dos séculos, sempre acreditou na Imaculada Conceição da Santíssima Virgem. Trata-se do singular privilégio que Deus lhe concedeu, desde o primeiro instante de sua vida: foi concebida em estado de graça, sem o pecado original. Por isso, a Igreja lhe aplica aquelas palavras: "Toda bela és Maria, e não há mancha em ti. Tu és a glória de Jerusalém, a alegria de Israel e a honra do nosso povo" (Jt 15,9).

Toda a tradição sempre saudou Nossa Senhora como a Imaculada. Os maiores santos e os mais insignes doutores sempre professaram essa verdade. E, embora não fosse ainda um dogma de fé, a Igreja não só professou, mas continuamente celebrou a Conceição Imaculada de Maria Santíssima.

Finalmente, o Papa Pio IX, no dia 8 de dezembro de 1854, cercado por mais de duzentos Bispos e Cardeais, declarou e solenemente proclamou como dogma de fé, que "Maria Santíssima foi preservada imune da culpa original, desde o primeiro instante da sua Conceição".

2. Para compreender melhor a grandeza deste privilégio, que Deus concedeu a Maria, devemos considerar o enorme estrago causado pelo pecado dos nossos primeiros pais. Adão e Eva foram criados no estado de inocência e santidade. Postos à prova, infelizmente, sucumbiram, desobedecendo a Deus. E assim, despojados da graça divina, ficaram privados da felicidade e sujeitos a todas as misérias da vida e à própria morte.

Mas o pecado original não afetou somente a Adão e Eva; passou a todos os seus descendentes. E, como o primeiro homem representava toda a humanidade, tendo caído dele, como diz São Paulo, caímos todos. "Portanto, assim como por um só homem o pecado entrou no mundo e, pelo pecado, a morte, assim também a morte atingiu todos os homens, porque todos pecaram" (Rm 5,12).

Ora, também Maria, como descendente de Adão, deveria estar sujeita à lei comum: ser concebida com o pecado original, arcando com suas funestas conseqüências: a ignorância, as enfermidades, a concupiscência e a morte. Entretanto, essa lei não foi aplicada a Maria. Só Ela, dentre todas as criaturas, foi preservada desse pecado original.

Ela foi destinada a ser Mãe de Jesus Cristo. Por isso, não só Deus derramou sobre Ela tesouros de graças, mas por um privilégio especial, em previsão dos futuros méritos de Cristo, preservou Maria de toda mancha de pecado. Assim, a sua natureza foi sempre sã, pura e íntegra como a tinha Adão no estado de inocência.

Por isso, a Santíssima Virgem foi comparada à Arca de Noé que, no dilúvio, pairando sobre as águas, fugiu à catástrofe universal. Só a Arca escapou. Assim também Maria. Só Ela dentre todas as criaturas ficou isenta do pecado original.

3. A Igreja a exalta como a mais pura, a mais inocente, a mais santa, a mais perfeita de todas as

criaturas. Os próprios coros angélicos exclamam: "Quem é essa que se eleva como a aurora, bela como a lua, resplandecente como o sol?" (Ct 6,10).

Convinha que Nossa Senhora fosse concebida sem o pecado original, pois devia ser a Mãe do Salvador. Se tivesse nascido com esse pecado, teria sido inferior a Adão e Eva, que foram criados no estado de inocência e santidade. Além disso, Ela teria caído sob o poder do demônio. Ora, não era conveniente que Aquela que seria coroada Rainha do Céu tivesse estado sujeita ao jugo de satanás. Além disso, se Maria não tivesse ficado isenta desse pecado, teria transmitido ao Redentor do mundo um sangue corrompido na sua origem. Isso nos causaria repugnância e seria uma injúria feita ao Verbo Encarnado.

Portanto, era sumamente conveniente que Maria fosse concebida sem o pecado original e que o Onipotente santificasse o seu tabernáculo, como diz a Escritura: "O Altíssimo santificou a sua morada" (Sl 45,5).

O grande privilégio concedido a Maria deve inspirar-nos vivos sentimentos de alegria, admiração e reconhecimento. Digamos sempre a bela e indulgenciada jaculatória: "Ó Maria concebida sem pecado, rogai por nós que recorremos a vós".

Dialogando:

1. *A festa da Imaculada Conceição (8 de dezembro) me lembra o dever de ajudar a "limpar" o mundo. O mundo é de Deus, mas anda cada vez mais poluído e "sujo".*
2. *Como os maus são maus! Por que os bons, muitas vezes, não sabem ser bons?*

DIA 29

MARIA E SUA ASSUNÇÃO

1. Ninguém jamais poderá ter uma idéia exata do grau de glória a que foi elevada Maria Santíssima após sua vida terrena.

Sabemos que, tendo sido concebida sem o pecado original, Ela não estava sujeita à morte, que é uma conseqüência do pecado. Todavia, Deus determinou que também Ela pagasse o tributo à morte, como tinha acontecido com o seu Filho Jesus.

A morte de Maria, porém, foi diferente daquela dos outros mortais. A uma vida toda de amor, não devia pôr fim outra causa senão o amor. Não foram, pois, as enfermidades, os sofrimentos ou a velhice que lhe causaram a morte e, sim, a mais inflamada caridade e o desejo ardente de se unir ao seu divino Filho. Por isso, a morte de Maria, desde os primeiros séculos foi chamada de "Trânsito", ou seja, passagem.

2. Tornado semelhante ao corpo de Jesus, o corpo de Maria era igualmente capaz de se dirigir para o céu. A única diferença entre os dois está em que Jesus, como Deus-Homem, subiu ao céu por seu próprio poder, ao passo que Maria, como simples criatura, subiu não por um poder que brotasse naturalmente da sua pessoa, mas por um dom especial a Ela conferido por Deus. Esta diferença nós a exprimimos chamando a subida de Jesus de Ascensão, enquanto a de Maria, de Assunção.

Ora, que a Virgem Santíssima, no término do seu exílio terreno, tenha subido ao céu em corpo e alma é uma verdade de fé solenemente definida pelo Papa Pio XI, a 1º de janeiro de 1950.

Era conveniente, era decoroso, era justo que aquele corpo imaculado, do qual deveria nascer o Verbo Encarnado, não permanecesse no sepulcro e nem estivesse sujeito à corrupção. Como a morte de Maria foi o triunfo do amor, assim a sua ressurreição e Assunção foram o triunfo da sua humildade, da sua pureza e do poder de Deus.

Sabemos que isso não está explicitamente revelado na Sagrada Escritura mas, implicitamente, essa verdade se encontra no texto sagrado.

Nos primeiros séculos do Cristianismo esta mesma verdade não era abertamente professada, mas estava envolvida sob o manto de outras doutrinas.

Hoje, após a definição dogmática, a Assunção de Nossa Senhora ao céu é um dogma de fé. A Igreja, com essa decisão, quis satisfazer o desejo dos fiéis de todos os tempos e lugares.

3. Esse triunfo singular de Nossa Senhora era exigido para a glória de Cristo e pelo amor que Ele sempre nutriu por sua Mãe. À gloriosa Ascensão de Jesus, devia corresponder a gloriosa Assunção de Maria.

Ela foi a mais humilde, a mais pura, a mais santa de todas as mulheres. Foi a Mãe do Redentor. As suas virtudes, os seus méritos, a sua dignidade lhe dão o direito de ser coroada como Rainha de todos os santos e de sentar-se à direita do seu divino Filho, como diz a Sagrada Escritura: "Está sentada à tua direita a rainha vestida com ouro de Ofir" (Sl 45,10).

Alegremo-nos e exultemos com esta festa da Santíssima Virgem, certos de que a glória da mãe redundará em benefício de cada um de nós, quando nos unirmos a Ela, nos esplendores do santo paraíso.

Dialogando:

1. *Estou lembrado que existem coisas que passam e coisas que não passam?*
2. *A festa da Assunção de Maria (15 de agosto) é a festa da Esperança. Por quê?*

DIA 30

MARIA, RAINHA DO ROSÁRIO

1. O que é o Rosário, a própria palavra diz: é um buquê de rosas. Espiritualmente falando é uma devoção que, mediante orações vocais e mentais, por meio de Maria chegamos a Jesus. Nosso Senhor é sempre o termo das repetidas preces que, como rosas, são oferecidas a Nossa Senhora. Paulo VI dizia, fala-se a Maria, para chegar-se a Jesus.

A origem dessa devoção remonta ao século XII, mas quem determinou a reza do rosário foi São Domingos.

Certa vez o servo de Deus rezava numa igreja da Provença, diante de uma imagem de Nossa Senhora. De repente, aparece-lhe a santa e ordena que instituísse a devoção ao Rosário e a propagasse como um meio útil e eficaz para extirpar as heresias, banir os vícios, promover as virtudes e obter numerosas graças. São Domingos obedeceu e começou a pregar sobre a conveniência de se rezar o Rosário, meditando-o. O sucesso foi tão grande que conseguiu converter cem mil hereges. É o que nos afirmam os primeiros biógrafos do santo.

2. O motivo principal pelo qual tanto agrada a Nossa Senhora a recitação do Rosário (terço) são os seus elementos constitutivos.

Em primeiro lugar a meditação dos mistérios da vida, paixão, morte e ressurreição de Jesus e de Maria. Lembrar o divino Mestre e sua Mãe Santíssima para seguir os seus exemplos e imitar suas virtudes é o que de mais útil podemos fazer. Certamente não podemos encontrar flores mais perfumadas e belas para tecermos um ramalhete em honra da Santíssima Virgem.

O Pai-nosso é a oração que nos ensinou o próprio divino Mestre. Nele está contido tudo o que devemos pedir a Deus.

Se o Rosário honra em primeiro lugar o Pai que está no céu, logo em seguida louva Nossa Senhora com a Ave-maria. Esta oração lembra os dois grandes privilégios: a Imaculada Conceição e a Maternidade Divina. Após o Pai-nosso, a Ave-maria ocupa o primeiro lugar entre as orações, como a mais antiga, a mais suave, a mais popular. Podemos dizer que é uma oração celeste, pois quem lhe deu origem foi um mensageiro de Deus. É o hino mais sublime que foi entoado à Santíssima Virgem pelos anjos e pelos homens. Ao mesmo tempo é a profissão de fé no dogma fundamental de nossa esperança. Por isso afirma São Bernardo: "Toda vez que rezamos devotamente a Ave-maria, sorri o céu, alegram-se os santos, fogem os demônios, treme o inferno".

O Glória-ao-Pai, que encerra cada dezena do Rosário, é um agradecimento à Santíssima Trindade pelo grande benefício da Encarnação e da Redenção.

3. A Igreja apresenta-nos o Rosário ou Terço como uma poderosa arma contra as heresias e os vícios.

Em Lourdes Nossa Senhora aparece à vidente com o Rosário. Quando a pequena Bernadete diante da gruta começa a rezar o Terço, a Bela Senhora também o toma em suas mãos e faz deslizar as contas pelos dedos, sem contudo, mover os lábios.

Em Fátima, diz que é a Rainha do Rosário. E em cada uma das seis aparições torna a pedir, insistentemente, a reza do Terço.

Em Medjugorje e em outras aparições é sempre o mesmo pedido que faz.

No decorrer dos séculos, 48 Papas em 287 documentos exaltaram e recomendaram o piedoso exercício da reza do Rosário.

Disse Pio XII: "O remédio mais poderoso contra os males que ameaçam a sociedade humana é a oração; e qual é a oração comunitária mais simples e eficaz? Grande é a esperança que temos no Rosário para sanar os males que atribulam os nossos tempos".

E João XXIII: "Faço promessa formal e solene de recitar com especial devoção o santo Rosário. Entre as coisas mais reconfortantes de minha vida, conto o ter-me mantido sempre fiel a esta prática".

Concluindo: o Rosário meditado é o meio mais fácil para louvar a Deus e à Santíssima Virgem; o mais seguro para triunfar sobre os nossos inimigos espirituais; o mais apropriado para progredir na virtude e santidade; o mais eficaz para obter as bênçãos do céu.

Dialogando:

1. *O rosário é uma oração evangélica (do Evangelho), cristocêntrica (Cristo é o centro do Rosário) e eclesial (de todo o Povo de Deus). Lembro-me desta verdade?*
2. *Rezo o Terço? Quantas vezes?*

DIA 31

MARIA, RAINHA DA PAZ

1. Esta invocação foi introduzida na ladainha pelo Papa Bento XV no ano de 1915, quando a Europa estava imersa numa guerra de extermínio.

A Igreja repetidamente implorou a misericórdia de Deus para que se pusesse fim a tantas calamidades. Suplicou à Santíssima Virgem como íris de paz.

Jesus mais de uma vez desejou aos Apóstolos a paz (Jo 20,19). Mas em que consiste esta paz que todos desejamos?

Alguns a colocam na posse dos bens materiais. Mas enganam-se porque as riquezas, de fato, não nos trazem a paz, antes, no-la tiram. Diz São Bernardo: "Os bens terrenos não nos saciam quando os possuímos, preocupam-nos quando os amamos e nos entristecem quando os perdemos". Por isso, Jesus no Sermão da Montanha não disse: bem-aventurados os que têm riquezas, mas, "Bem-aventurados os pobres em espírito porque deles é o reino dos céus" (Mt 5,3).

Outros fazem consistir a paz nas honras e nos prazeres. Também estes laboram em erro. Quantos sacrifícios não custam as honras! Como se luta para obtê-las, e quanto sofremos quando nos fogem! Os próprios prazeres quando podemos usufruí-los, amiúde são falsos, sempre de breve duração e deixam o coração na amargura e no desengano.

Aonde, pois, iremos buscar a paz? Santo Agostinho diz: "A paz consiste na tranqüilidade da ordem". Ora, a ordem será tranqüila quando cumprimos a lei de Deus e levamos uma vida regrada.

2. No mundo todo sempre se fala da paz. Todos a desejam, todos a procuram, mas esse tesouro não é encontrado. As nações freqüentemente estão em guerra; a sociedade vive em contínuas discórdias; muitas famílias estão divididas entre seus próprios membros; os indivíduos deixam-se dominar pelas paixões desordenadas. Sabemos que a paz é fruto da justiça e de uma vida virtuosa. Por isso, diz a Escritura: "A terra está poluída sob os pés dos seus habitantes, porque eles transgrediram as leis, pisotearam as normas, romperam a aliança perpétua" (Is 24,5).

Enquanto dominar a injustiça, se fomentarem os vícios e os corações estiverem afastados de Deus, não teremos a tranqüilidade da ordem e serão sempre verdadeiras as palavras do profeta: "Dizem paz, paz, mas não há paz" (Jr 6,14).

3. A paz que é fruto da Redenção só a teremos quando estivermos em ordem com Deus, com o próximo e conosco mesmos.

Estaremos em paz com Deus quando evitamos o pecado que é a primeira causa que tira a tranqüilidade do nosso coração. Diz o profeta Isaías: "Para os ímpios não há paz" (48,22). E o Espírito Santo: "Quem resistiu a Deus e pôde ter paz?" (Jó 9,4).

A paz com o próximo é o fruto da caridade que o Espírito Santo derrama em nossos corações e que Maria nos ensina a praticar com seus exemplos. Diz a Escritura: "Donde vêm as guerras? Donde vêm os conflitos entre vós? Não é precisamente de vossas paixões que lutam em vossos membros?" (Tg 4,1). Quando os cristãos praticarem verdadeiramente o amor para com Deus e o próximo, então encontrarão a verdadeira paz.

Teremos a paz conosco mesmos quando a nossa natureza estiver sujeita à razão, e esta, a Deus. Então reinará a ordem em nós mesmos e, conseqüentemente, a tão suspirada paz.

Mui justamente Maria é chamada a Rainha da paz. Ela deu-nos o Príncipe da paz. Peçamos a essa boa Mãe que nos obtenha do seu divino Filho a graça de podermos sempre gozar daquela "paz de Deus, que supera todo o entendimento e guardará nossos corações e nossos pensamentos em Cristo Jesus" (Fl 4,7).

Dialogando:

1. *Na minha vida, existe aquela verdadeira paz que o Cristo trouxe e ensinou?*
2. *Acredito que Deus nunca me abandona e está sempre comigo, como parceiro de todos os acontecimentos?*

COROAÇÃO DE NOSSA SENHORA

("Diretrizes" - nº 218 - ano de 1974 - Caratinga-MG)

VINDE, VAMOS TODOS

Vinde, vamos todos,/ com flores à porfia,/ com flores a Maria/ que Mãe nossa é!

1. A oferecer-te vimos/ flores do mês eleito/ com quanto amante peito/ Senhora, tu o vês.

2. Mas, o que mais te agrada/ do que o lírio e a rosa,/ recebe, ó Mãe piedosa,/ o nosso coração.

3. Em troca te pedimos/ defende-nos, Senhora,/ agora e na última hora/ tua potente mão.

Dirigente 1: Irmãos. Tudo na nossa vida tem sempre um significado. A nossa vida é cheia de sinais. Nós nos comunicamos uns com os outros é pelos sinais: palavras, gestos, escrita e tantos outros sinais combinados.

A oferta das flores a Nossa Senhora, o véu que as crianças vão colocar na sua cabeça, a palma na sua mão, e a coroa, tudo isto são gestos e sinais que querem dizer alguma coisa.

Dirigente 2: As flores, que vamos oferecer a Maria Santíssima, querem dizer a alegria que nós temos de ser cristãos, *de pertencer* à Igreja de Cristo *e de estar* sempre unidos *a Jesus,* como Nossa Senhora.

Dirigente 3: O véu, que vamos colocar na sua cabeça, significa o Espírito Santo, que cobriu Nossa Senhora com a sua sombra, e que fica também em nós, fazendo-nos viver mais unidos e dirigindo tudo o que fazemos, para a construção do Reino de Deus.

Dirigente 1: A palma quer dizer a vitória que a Virgem Maria teve contra tudo o que é maldade. Ela é a mais pura das criaturas. Ela é o nosso modelo de lutar até o fim, para vencer o pecado, o egoísmo, a desunião e tudo o mais que acaba com o Reino de Deus.

Dirigente 2: As crianças vão coroar Nossa Senhora, em nome de todos nós. A coroa significa o prêmio que Deus deu à Virgem Mãe. Ele reconheceu que Maria Santíssima cumpriu a sua missão aqui na terra. Realizou todo o seu plano de Salvação para o mundo.

Dirigente 3: Nós vamos coroar Nossa Senhora como a Rainha e modelo dos cristãos. Quer dizer: ela foi a cristã mais perfeita. Ela seguiu, melhor do que ninguém, os ensinamentos de seu Filho Jesus. Ela é o nosso modelo de cristãos. Ela é a cristã número um! Ela merece então receber a coroa!

Dirigente 1: Enquanto as criancinhas cantam, vamos ficar pedindo a Deus que nos ajude a ser uma verdadeira comunidade cristã, Igreja de Cristo, tendo sempre a Virgem Maria como nosso modelo.

(Aí, as crianças começam a cantar e sobem para a coroação. Vivas. Palmas. Sinos.)

ORAÇÃO FINAL

Dirigente 1: Senhor Jesus, coroamos a Virgem Maria, sua Mãe e nossa Mãe, como a Rainha e o modelo de todos os cristãos. Dê-nos a graça de olhar sempre para ela e tê-la sempre junto de nós, para sermos de fato a sua Igreja, comunidade de amor e salvação. Que ela seja o nosso modelo de fé e esperança, nosso modelo de união e caridade, nosso modelo de pureza e amor, nosso modelo de justiça e paz.

Ajude-nos a viver, amando e louvando a Mãe do Senhor, que vive e reina com o Pai, na unidade do Espírito Santo.

(Termina com a Bênção final e um cântico a Maria.)

ÍNDICE